akzent

D1993451

»Mit dem Dampfbetrieb hat das Eisenbahnzeitalter begonnen, und mit ihm sind die Eisenbahnen groß geworden. Die Dampflokomotive erwies sich als ein äußerst zuverlässiges und robustes Zugmittel. Ihre Bedienung und ihr Unterhalt erfordern zwar einen erheblichen Arbeitsaufwand, sie ist aber sonst anspruchslos und unkompliziert. Leider verbieten die dem Lokomotivbauer auferlegten Beschränkungen bezüglich Raum und Gewicht die Anwendung moderner Bauarten für Kessel und Feuerung und stecken damit der Maschinenleistung eine obere Grenze. Das war von geringer Bedeutung, solange der Leistungsbedarf in bescheidenen Grenzen blieb. Als aber im Laufe der Zeit die Ansprüche an Zugkraft und Geschwindigkeit immer weiter gesteigert wurden, vermochte die Dampflokomotive dieser Entwicklung schließlich nicht mehr zu folgen ... Als das 20. Jahrhundert angebrochen war, erkannte man, daß der Übergang zur elektrischen Zugförderung auf Fernbahnen ein ausgezeichneter Weg war, um deren Leistungsfähigkeit zu steigern ... später erschien als neues Antriebsorgan der Eisenbahn die Brennkraftmaschine, zuerst als Ottomotor, dann als Dieselmotor und schließlich auch noch als Gasturbine ... Die elektrische und die Dieseltraktion sind heute im Begriff, die alte Dampftraktion völlig zu verdrängen, so daß dieser Vorgang wirklich als ein ›Strukturwandel in der Zugförderung‹ bezeichnet werden muß.«

*Aus: Forum der Technik, Band 2, Zürich 1963*

*Lokomotive zum Henschel-Wegmann-Zug*

Elfriede Rehbein

# Klassiker des Schienenstranges

Urania-Verlag Leipzig · Jena · Berlin

Autor: Prof. Dr. sc. oec. Elfriede Rehbein
Illustrationen: Werner Reiche

Rehbein, Elfriede:
Klassiker des Schienenstranges / Elfriede Rehbein.
[Ill.: Werner Reiche]. – 2. Aufl. – Leipzig ; Jena ;
Berlin : Urania-Verlag, 1990. – 128 S. : Ill.
(Akzent; 77)
NE: GT ISBN 3-332-00069-1

ISBN 3-332-00069-1
ISSN 0232-7724

2. Auflage 1990

Verlag für populärwissenschaftliche Literatur, Leipzig 1986
VLN 212-475 LSV 3819
Lektor: Ingelore Naukkarinen
Einbandreihenentwurf: Helmut Selle
Typographie: Marion Krahmer
Printed in the German Democratic Republic
Gesamtherstellung: Neues Deutschland Berlin
Best.-Nr.: 654 077 4
00450

# Inhalt

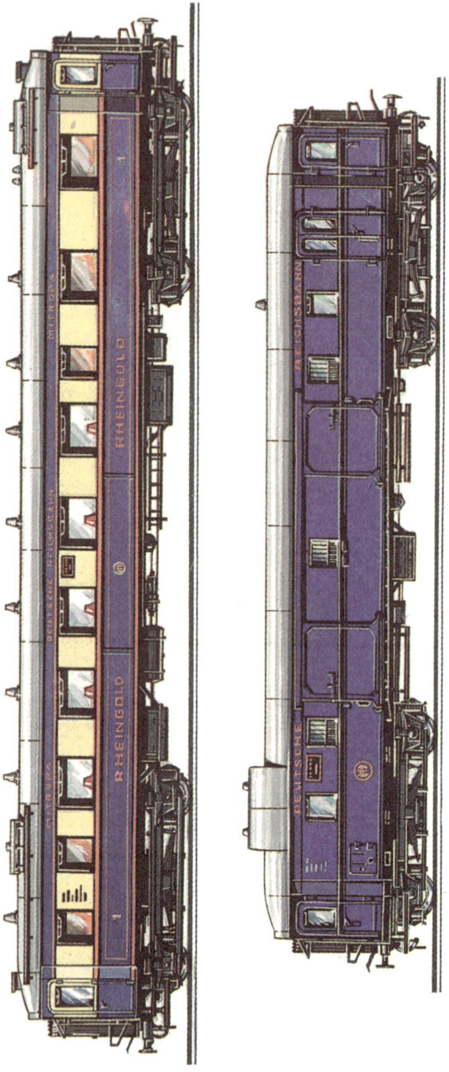


*Rheingold-Zug*

# Die ersten Jahrzehnte

Zusammen mit beachtlichen Produktionsfortschritten der kapitalistischen Wirtschaft war im 19. Jahrhundert in allen Industriestaaten der Erde ein modernes und leistungsfähiges Transportwesen entstanden, charakterisiert vor allem durch die Nutzung der Dampfkraft für den Land- und Wasserverkehr. Eine hervorragende Rolle spielte in diesem Prozeß die Eisenbahn, die den Landtransport revolutionierte und wesentlich zum stürmischen Aufschwung von Industrie und Handel im nationalen und internationalen Maßstab beitrug.

Der Siegeszug der Eisenbahn wurde von einer immer komplizierteren und vielfältigeren Technik getragen. Sie umfaßte den Strecken-, den Brücken- und Hochbau ebenso wie das Sicherungs- und Fernmeldewesen, aber auch die Triebfahrzeuge und Wagen, denen hier unser besonderes Interesse gilt.

Bis zum Ende des ersten Weltkrieges bestimmte die Dampflokomotive als Triebfahrzeug das Bild der Eisenbahn. Ihre Leistungen waren seit den ersten Jahren ihres Einsatzes bis zu diesem Zeitpunkt um mehr als das 30fache gestiegen. Brachte zum Beispiel die auf der ersten deutschen Eisenbahnstrecke von Nürnberg nach Fürth fahrende englische Lokomotive eine bescheidene Leistung von 29 kW (40 PS), so erreichten die Dampflokomotiven um 1910 bis zu 965 kw (1 300 PS), teilweise – besonders die außergewöhnlich starken amerikanischen Maschinen – sogar noch mehr. Die höheren Zugkräfte und Leistungen der Dampflokomotiven ermöglichten es, längere und schwerere Züge zu bilden und betrieblich effektiver zu arbeiten. Steigende Geschwindigkeiten unterstützten dieses Bemühen. Empfand man in den Anfangsjahren des Eisenbahnverkehrs bereits 25 bis 30 km/h als extrem schnell, so stiegen die Fahrgeschwindigkeiten bis zum Beginn des 20. Jahrhunderts bei Schnellzügen in Abhängigkeit von der jeweiligen Strecke auf 70 bis 100 km/h, mitunter auch darüber, an. In den USA erreichte man sogar 130 km/h. Eine bayrische Schnellzuglokomotive stellte 1907 auf der Strecke Augsburg–München mit 154,5 km/h einen lange Zeit nicht überbotenen Geschwindigkeitsrekord auf, der allerdings wegen des Zustands der Strecken sowie der Wagen im normalen Reiseverkehr nicht gehalten werden konnte.

Die Dampflokomotiven hatten damit zweifellos innerhalb einer relativ kurzen Zeit ihre technische Ausgangsbasis weit hinter sich gelassen, führten doch die tastenden und unsicheren Schritte auf diesem Wege im Jahre 1825 zum ersten, noch nicht voll überzeugenden Einsatz einer Dampflokomotive auf der englischen Strecke Stockton–Darlington. Der Siegeszug des neuen Verkehrsmittels war aber erst ab 1830, nach weiteren technischen Fortschritten, gesichert. In der Folgezeit entstanden in rund fünf Jahrzehnten, bis etwa 1880, die konstruktiven Grundlagen für die Naßdampflokomotive mit einfacher Dampfdehnung. Dadurch stiegen Zugkraft und Geschwindigkeit und damit die Leistung sowie die Betriebssicherheit der Lokomotiven, aber auch ihr ökonomischer Nutzen erhöhte sich, unter anderem durch die Spezialisierung im Hinblick auf den betrieblichen Einsatz. Wurden anfangs ausschließlich Universallokomotiven gebaut, so entstanden seit der Jahrhundertmitte Lokomotiven für den Schnellzug-, Personenzug-, Güterzug- oder Rangierdienst. Außerdem berücksichtigte man die unterschiedlichen Anforderungen auf Flachland- oder Gebirgsstrecken bzw. Haupt- oder Nebenstrecken.

Im Ergebnis wichtiger konstruktiver Verbesserungen der Lokomotiven, besonders durch vergrößerte Rost- und Heizflächen, erreichte man eine kontinuierliche Erhöhung der Dampfmenge. Im Zusammenhang damit wurde der zulässige Kesseldruck vergrößert, um den Dampfverbrauch zu senken und Brennstoffe einzusparen. Voraussetzungen dieser Leistungssteigerung schufen größere Zylinder und längere Kessel. Die durch diese Veränderung bewirkte größere Masse der Lokomotiven wurde durch zusätzliche Achsen, in der gegenwärtigen Fachliteratur allgemein als Radsätze (Laufradsätze und Treibradsätze) bezeichnet, aufgefangen. Gleichzeitig erhöhte sich die Zahl der Treibachsen, besonders seit den achtziger Jahren, als durch die Verbindung jeweils einer Laufachse mit einer Kuppelachse eine brauchbare Lösung für ein Lenkgestell gefunden worden war, das die Fahreigenschaften der Lokomotiven sowohl in Gleisbogen als auch auf gerader Strecke verbesserte.

Besonders für den Güterverkehr waren diese Fortschritte wichtig; denn während sich im Reisezugdienst bis gegen Ende des 19. Jahrhunderts Lokomotiven mit zweifach gekuppelten Achsen behaupteten, um danach von dreifach gekuppelten abgelöst zu werden, bevorzugte man im Güterzugdienst wegen der erforderlichen großen Zugkraft für das Anfahren und Beschleunigen des Zuges sowie die Fahrt auf Steigungsstrecken Triebfahrzeuge mit großen Kesselheizflächen, geringeren Treibraddurchmessern sowie der Kupplung sämtlicher oder doch der meisten Achsen. Vor allem auf Bergstrecken waren schon vor 1870 dreifach gekuppelte Lokomotiven im Einsatz. Nach 1870 fanden sie für Güterzüge allgemein auch im Flachland Verwendung, um seit den neunziger Jahren von den vierfach gekuppelten Lokomotiven abgelöst zu werden. Nach der Jahrhundertwende verkehrten die ersten Fünfkuppler, um dem rasch wachsenden Leistungsanstieg im Güterverkehr gerecht werden zu können.

Die Lokomotivbauer konzentrierten sich außerdem seit den siebziger Jahren auf die Erhöhung des thermischen Effekts der Dampflokomotive. Bei den damals üblichen Bauarten waren jedoch wesentliche Verbesserungen kaum noch zu erreichen. Der zulässige Dampfüberdruck hatte 12 at (1 177 kPa) erreicht; höhere Überdrücke konnten bei Naßdampf mit einfacher Dampfdehnung keinen wirtschaftlichen Vorteil bringen. Einen sprunghaften Fortschritt bot das erstmalig in den siebziger Jahren praktisch eingesetzte Verbundverfahren, bei dem der Dampfdruck in Hoch- und Niederdruckzylindern in zwei Stufen entspannt wurde. Auf diese Weise konnte nicht allein der

Dampfmaschinenwirkungsgrad erhöht und die Zugleistung gesteigert, sondern zugleich auch der Kohlenverbrauch gesenkt werden. Nach Überwindung von Anfangsschwierigkeiten setzten sich die Verbunddampflokomotiven in den neunziger Jahren rasch durch. Um die Jahrhundertwende erreichten die Naßdampflokomotiven der Vierzylinder-Verbundbauarten ihren technischen und wirtschaftlichen Höhepunkt.

Um die Rentabilität der Dampfmaschine weiter zu erhöhen, begannen mit der Entwicklung betriebstüchtiger Überhitzer und Schmieröle Versuche zur Nutzung des Heißdampfes. Die Probefahrten nach ersten prinzipiellen Verbesserungen der Überhitzer bestätigten kurz vor der Jahrhundertwende, daß die Nutzung von Heißdampf eine erneute Verminderung des Kohlenverbrauchs und außerdem wegen des reduzierten spezifischen Dampfverbrauchs eine beachtliche Wasserersparnis brachte. Letztere war von besonderer Wichtigkeit, weil nun Unterwegsaufenthalte zur Wasseraufnahme entfallen konnten, die bei den Naßdampflokomotiven in der Regel in kurzen zeitlichen Intervallen erforderlich waren. So konnte sich die Reisegeschwindigkeit der Züge und der Aktionsradius der Lokomotiven erhöhen. Die großen Vorteile der Heißdampflokomotive förderten ihre rasche Verbreitung in den meisten Eisenbahnländern der Erde. In der Folgezeit verdrängten sie die traditionellen Naßdampflokomotiven fast vollständig.

Trotz dieser Fortschritte fehlte es seit dem letzten Viertel des 19. Jahrhunderts nicht an Versuchen, in Gestalt des Verbrennungsmotors und des elektrischen Motors auch andere Antriebsarten für die Eisenbahn zu nutzen. Allerdings waren die Ergebnisse der verschiedenen Versuche noch nicht geeignet, die Dampflokomotive aus ihrer führenden Position zu verdrängen. Besonders die thermischen, also mit Vergaser oder Dieselmotoren ausgerüsteten Triebfahrzeuge standen erst am Anfang ihrer Entwicklung. Dort konnte vorerst das kritische Problem dieser Lokomotiven, die Notwendigkeit einer besonderen Kraft- oder Leistungsübertragung, d. h. die Übertragung des von der Antriebsmaschine in Abhängigkeit von ihrer Drehzahl abgegebenen Drehmoments in einer für die

Zugförderung geeigneten Form auf die Treibradsätze, nicht befriedigend gelöst werden. Verschiedene Lokomotivbaufirmen experimentierten zwar sowohl mit einer mechanischen als auch mit einer elektrischen Kraftübertragung; die Ergebnisse entsprachen jedoch für mittlere und größere Leistungen nicht den Erwartungen. Auch als die anfänglich genutzten Benzin- bzw. Petroleummotoren von Dieselmotoren abgelöst wurden, gelang der entscheidende Durchbruch nicht. Die Lokomotiven mit Verbrennungsmotoren blieben deshalb auf den Einsatz bei Werkbahnen, im Rangierdienst und in Triebwagen beschränkt.

Die elektrische Traktion konnte sich hingegen vor dem ersten Weltkrieg in solchen Bereichen durchsetzen, wo sie Vorteile gegenüber der Dampftraktion brachte. Das war überall dort der Fall, wo die Rauchentwicklung der Dampflokomotive störte bzw. – wie bei Steigungen – ihre Leistung nicht ausreichend war. Fortschritte beim Einsatz elektrischer Motoren in der Industrie halfen bei der Klärung technischer Probleme. Daneben schufen gezielte Versuche einschlägiger Firmen und der Eisenbahnen entsprechende Bedingungen für Probefahrten. In beachtlich kurzer Zeit konnten Grundfragen der günstigsten Stromabnahme, der Wahl des Stromsystems, der Spannung in der Fahrleitung, der Bahnstromversorgung und ähnliches geklärt werden. Bei Versuchsfahrten wurde deshalb schon 1903 die für damalige Begriffe sagenhafte Geschwindigkeit von rund 210 km/h erreicht. Auf der Basis dieser Fortschritte wurden in mehreren Ländern nach der Jahrhundertwende einige Strecken elektrifiziert. Die elektrischen Lokomotiven – schon spezialisiert entsprechend ihrem betrieblichen Einsatz – bewährten sich auf ihnen gut, wenngleich sie verständlicherweise noch nicht alle »Kinderkrankheiten« überwunden hatten. Wie positiv ihr Einsatz von den Eisenbahnunternehmen bewertet wurde, zeigt sich unter anderem darin, daß 1912/13 nicht nur im nationalen Rahmen einheitliche Grundlagen der elektrischen Zugförderung erarbeitet wurden, sondern auch im internationalen Bereich zwischen benachbarten Staaten eine Einigung auf einheitliche Fahrdrahtspannung und Nennfrequenz erfolgte, um den reibungslosen Übergangsverkehr zu ermöglichen. Der Ausbruch des Krieges unterbrach allerdings diese Entwicklung nahezu vollständig. Den Verbesserungen an den Lokomotiven folgte die konstruktive Entwicklung der Eisenbahnwagen. Die Personen- und Güterwagen mußten in erster Linie der wachsenden Zugkraft und Geschwindigkeit entsprechen. Außerdem waren auch Forderungen nach höherem Komfort und höherer Sicherheit, nach größerer Tragfähigkeit und schnellem Güterumschlag, spezialisiertem Gütertransport und sinkenden betrieblichen Kosten zu erfüllen.

Die Personenwagen änderten ihr Aussehen am auffälligsten. Die anfangs an die Kutschenform erinnernden, teils offenen Wagen mit begrenzter Sitzplatzzahl, die den Reisenden vor allem die Freude an einer schnelleren Fortbewegung, aber recht wenig Bequemlichkeit boten, präsentierten sich schon seit Mitte des 19. Jahrhunderts als allseitig geschlossene, mit Glasfenstern versehene Wagen, die mit zunehmender Länge mehr Reisenden Platz boten. Polsterbänke in der ersten und zweiten Klasse, Beleuchtung und Heizung setzten sich in den verschiedensten Formen durch. Besonders angenehm war bereits damals das Reisen mit amerikanischen Eisenbahnen, die wegen der meist langen Strecken schon Schlaf- und Speisewagen einsetzten. Solche Wagentypen wurden in Europa gegen Ende des 19. Jahrhunderts üblich.

Die europäischen Eisenbahnen übernahmen von den USA außerdem die Durchgangs-(D-Zug-)wagen mit seitlich angeordnetem Gang und Ein- bzw. Ausstieg an den Kopfenden des Wagens.

Ein erhebliches Problem des Reiseverkehrs stellte die Sicherheit der Reisenden dar. Um die Züge bei Bahnhofsaufenthalten und in Gefahrensituationen bzw. bei Gefällen bremsen zu können, mußte man anfangs auf jeden Personenwagen einen Bremser setzen, der – wie beim Pferdefuhrwerk – die Bremse mit der Hand betätigte. Diese Methode war allerdings reichlich unsicher, und es bedeutete einen großen Fortschritt, als die Bremswirkung zunächst auf zwei, später auf mehrere Wagen ausgedehnt werden konnte. Auf diese Weise wurde nicht allein eine verläßlichere Bremswirkung erzielt, sondern es konnten auch Arbeitskräfte eingespart werden. Die günstigste Lösung brachten gegen Ende des 19. Jahrhunderts die durchgehenden selbsttätigen Bremsen, die zusätzlich auf plötzliche Gefahrensituationen reagierten, wie Reißen der Kupplungen oder Störungen in der Bremseinrichtung. Ihre Weiterentwicklung zu Schnellbremsen, die die Bremskraft durch eigene Übertragungsorgane in bedeutend kürzerer Zeit zur Wirkung brachten, ermöglichte seit den neunziger Jahren besonders bei Schnell- und Eilzügen höhere Fahrgeschwindigkeiten mit maximaler Sicherheit.

Bei den Güterwagen standen dagegen die erhöhte Tragfähigkeit und günstigere Umschlagbedingungen im Vordergrund aller Verbesserungen. Konnten mit den Güterwagen der Anfangszeit in der Regel nur etwa 5 t Nutzmasse transportiert werden, so erreichte die Tragfähigkeit in der Zeit nach der Jahrhundertwende 15 bis 20 t. Neben den offenen Wagen der ersten Jahre gab es schon bald geschlossene Wagen für empfindliche Güter und seit der Mitte des 19. Jahrhunderts auch Spezialwagen für bestimmte Transportgüter, zum Beispiel für flüssige oder staubförmige Güter oder zum Transport von Vieh, Langholz, Schüttgut und sperrigem Gut.

Die vielfältigeren Anforderungen des rasch umfangreicher werdenden Güterverkehrs brachten außerdem solche Verbesserungen an den Güterwagen, die ein schnelleres Be- und Entladen ermöglichten, zum Teil mit Hilfsmitteln wie Sackkarren oder einfachen Kränen. Sogar Wagen mit Selbstentladeeinrichtungen wurden bereits gebaut, die durch die Reduzierung der Umschlagkosten vor allem dem Großversender wesentliche Einsparungen brachten.

Durch diese Verbesserungen waren die Eisenbahnen in der Lage, der kapitalistischen Wirtschaft günstigere Gütertransportmöglichkeiten bei sinkenden Transportpreisen anzubieten. Vor allem für die sich seit dem letzten Viertel des 19. Jahrhunderts in raschem Tempo entwikkelnde Schwerindustrie war das von großem Vorteil. Außerdem stimulierten die verbesserten Transportmöglichkeiten durch die Eisenbahnen generell den industriellen Fortschritt. Sie erwiesen sich damit wiederum als das unter den damaligen Bedingungen wichtigste Landverkehrsmittel für die Gesellschaft.

*US-amerikanische Lokomotive der New York Central-Eisenbahn mit typischem großem Tender*

# Leistungsstarke Dampflokomotiven

Das Eisenbahnnetz der Erde hatte sich besonders seit den letzten Jahrzehnten des 19. Jahrhunderts außerordentlich rasch entwickelt. Umfaßte es 1870 rund 209 800 km, so wuchs es bis zur Jahrhundertwende auf rund 790 100 km an und erreichte 1913 eine Ausdehnung von mehr als 1,1 Mill. km. Seit diesem Zeitpunkt verlangsamte sich das Wachstumstempo, weil vor allem die entwickelten Industriestaaten bereits einen gewissen Sättigungsgrad hinsichtlich des Ausbaus ihrer Streckennetze erreicht hatten. Immerhin vergrößerte sich das Welteisenbahnnetz bis Ende der dreißiger Jahre noch auf etwa 1,33 Mill. km. Mit dem sich ausdehnenden Eisenbahnnetz wurden die von den Lokomotiven zu durchfahrenden Strecken immer länger. Außerdem mußten ihre Leistungen im Interesse der Wirtschaft steigen, denn sowohl der Gütertransport als auch die Personenbeförderung nahmen beträchtlich an Umfang zu. Die Dampflokomotiven mußten deshalb stärker, schneller und auch effektiver werden. Ihre betriebliche Beanspruchung wurde kontinuierlich erhöht. Hatte man die Lokomotiven der Anfangszeit als »empfindliche Gebilde« im Interesse der Betriebssicherheit stets schonend behandelt, so konzentrierte man sich in den folgenden Jahrzehnten darauf, die Dampflokomotive zum zuverlässigen und robusten Triebfahrzeug der Eisenbahn zu vervollkommnen. Dieses Ziel war bis zum Beginn des ersten Weltkrieges erreicht worden.

Die Leistungsverbesserung der Dampflokomotive entsprach auch militärischen Interessen und wurde durch sie gestützt. In allen am ersten Weltkrieg beteiligten Ländern zeigten sich aber auch in aller Deutlichkeit die durch die chronische Überlastung während der Kriegsjahre bedingten Leistungsreserven und -grenzen der Eisenbahnen. Die technische und betriebliche Weiterentwicklung machte während dieser Zeit und in den Nachkriegsjahren nur geringe Fortschritte. Die harten ökonomischen Auswirkungen dieses Krieges, die sich in den einzelnen Ländern in unterschiedlicher Weise äußerten, verhinderten sie vor allem in den europäischen Ländern. Erst seit Anfang der zwanziger Jahre wurde im Zusammenhang mit dem Neubau von Dampflokomotiven mit zielgerichteten wissenschaftlichen Forschungen zu ihrer weiteren Vervollkommnung begonnen. Das Ergebnis: Die Lokomotiven wurden noch mächtiger; ihre Kessellänge wuchs; die Heißdampftemperatur stieg auf 400 bis 450 °C; Elemente der Lauf- und Triebwerke wurden verbessert. »Aber im großen und ganzen« – so wurde in einer Einschätzung des Vereins Mitteleuropäischer Eisenbahnverwaltungen festgestellt – »ist die Lokomotive im ersten Jahrzehnt der Nachkriegszeit in nichts grundsätzlich von den Lokomotiven verschieden, die bis 1920 vorhanden waren.«

In Einzelfragen konnten allerdings beachtliche neue Erkenntnisse gewonnen werden. Sie konzentrierten sich letztlich auf das Problem, daß die Dampflokomotiven seit ihrem Entstehen mit Kolbendampfmaschinen ausgerüstet wurden, die nach einer mehr oder weniger großen Dampfdehnung nach dem Auspuffprinzip arbeiteten, d. h., den Abdampf nach seiner Arbeitsleistung in den Zylindern ins Freie auspufften. Im ortsfesten Betrieb waren derartige Maschinen zu dieser Zeit wegen ihres ungünstigen thermischen Wirkungsgrades schon nahezu völlig verschwunden. Der Grund dafür, daß die Eisenbahnen noch immer daran festhielten, lag hauptsächlich im unterschiedlichen Masse/Leistungsverhältnis. Eine ortsfeste Maschine hat in der Regel ein Fundament, das ohne erheblichen Kostenaufwand tragfähiger gestaltet werden kann. Für die Lokomotive ist dagegen die Belastungsgrenze des Eisenbahnoberbaus und der Brückenbauten zu beachten, die nur mit erheblichem Finanz- und Arbeitsaufwand nach oben verschoben werden kann. Außerdem ergeben sich für die Lokomotive grundsätzlich andere Bedingungen, da sie eine gleichmäßige, störungsfreie und schnelle Vorwärtsbewegung gewährleisten muß. Das bedingt in jedem Falle eine niedrigere Masse im Verhältnis zur Leistung. Wiesen ortsfeste Dampfmaschinenanlagen Anfang der zwanziger Jahre im Durchschnitt 408 bis 544 kg/kW (300 bis 400 kg/PS) auf, so lag die Dampflokomotive ohne Tender zur gleichen Zeit bei 55 bis 68 kg/kW (40 bis 50 kg/PS). Das stellte an den Lokomotivbau die Anforderung, einerseits die äußerste Beanspruchung der Maschinen zu gewährleisten, andererseits auf komplizierte Bauarten und Nebeneinrichtungen zu verzichten, selbst wenn sie energiewirtschaftlich nötig waren. Trotzdem stand die bessere energetische Nutzung der Dampflokomotive immer im Vordergrund des Interesses, weil die Unterschiede zwischen dem Wirkungsgrad ortsfester Energiemaschinen und denen der Dampflok krass waren. Anfang der zwanziger Jahre rechnete man bei Berücksichtigung aller Hilfsmaschinen mit einem spezifischen indizierten Dampfverbrauch der Lokomotive von 10,2 bis 11,6 kg/kWh (7,5 bis 8,5 kg/PSh) und einem spezifischen indizierten Kohlenverbrauch von 1,6 bis 2,0 kg/kWh (1,2 bis 1,5 kg/PSh). In einer modernen ortsfesten Anlage zur Erzeugung elektrischer Energie wurden dagegen effektiv nur 5,4 kg Dampf und 0,75 kg Kohle für jede kWh (4 kg Dampf und 0,55 kg Kohle für jede PS) einschließlich des Antriebs aller Hilfsmaschinen verbraucht.

Außerdem richteten sich die Forschungsarbeiten auf die Überwindung eines weiteren Mangels der Dampflokomotive, der sich aus ihrer Eigenschaft als Auspuffdampfmaschine ergab – den hohen Wasserverbrauch. Alles von der Lokomotive als Dampf verbrauchte Wasser mußte dem Kessel in Form von Frischwasser wieder zugeführt werden. Dieser ständige Wassernachschub war deshalb bis zur Ablösung des Dampflokbetriebes eine Achillesferse (und ist es bis heute geblieben).

In der Regel konnten bei Schnellzügen bis zu zwei Stunden ununterbrochener Fahrtdauer erreicht werden. Die sehr wirtschaftlichen längeren Nonstopfahrten waren dagegen nur dort möglich, wo das Wasserproblem anders als üblich gelöst wurde. Den Rekord hielt dabei bis 1961 (als dort die Dampftraktion aufgegeben wurde) die Strecke London-Edinburgh, deren Länge von 633 km in

6,5 Stunden – also mit fast 100 km/h Reisegeschwindigkeit – bewältigt wurde. Das war jedoch nur möglich, weil sechs Schöpfkanalabschnitte zur Wasseraufnahme genutzt wurden. Diese Schöpfkanäle, 1860 durch John Ramsbottom entwickelt, bestanden aus je einem etwa 400 m langen Wassertrog in der Mitte des Gleises auf einem waagerechten Abschnitt der Strecke. Die Wasseraufnahme erfolgte während der Fahrt über ein unter dem Schlepptender in Fahrtrichtung hängendes Rohr, das vom Lokführerstand aus abgesenkt werden konnte. Durch die hohe Fahrgeschwindigkeit wurde das Wasser aus dem Schöpfkanal in das Rohr und von da in den Schlepptender gedrückt. In England wurden zahlreiche derartige Einrichtungen gebaut. Eine Folge davon waren die im allgemeinen klein dimensionierten Tender der englischen Lokomotiven. Auch in den USA benutzte man Schöpfkanäle, allerdings in geringerem Umfang. Außerdem reichten selbst diese zusätzlichen Wasservorräte oft nicht aus, um die immer größeren und stärkeren Dampflokomotiven zu versorgen. Deshalb wurden die Schlepptender der nordamerikanischen Lokomotiven im Verlaufe des 20. Jahrhundert immer mehr vergrößert. Sechs, sieben, sogar acht Achsen fingen die steigende Masse der Tender auf, die bis zu 112 500 l (112,5 $m^3$) Wasser faßten. Erst dadurch konnten auf den großen Kontinentalverbindungen die hohen Reisegeschwindigkeiten besonders der Luxuszüge erreicht werden. In kleineren Dimensionen waren Großraumtender bis zur Ablösung durch andere Traktionsarten auch bei den französischen Eisenbahnen üblich, um auf den Strecken Paris–Nancy 353 km sowie Paris-Maubeuge-Lüttich 367 km Nonstopfahrt zurücklegen zu können.

Der ungünstige thermische Wirkungsgrad der Dampflokomotiven – er lag auch in den ersten Jahrzehnten des 20. Jahrhunderts noch immer unter 10 %, meist bei etwa 7 bis 9 % – war Anlaß, nach neuen Wegen in der Wärmewirtschaft der Lokomotiven zu suchen. Die Begrenzungen der Spurweite und des Profils sowie die Anforderungen an hohe Geschwindigkeiten waren dabei von vornherein zu berücksichtigen. Vor allem wurden zwei Wege im Experiment beschritten:

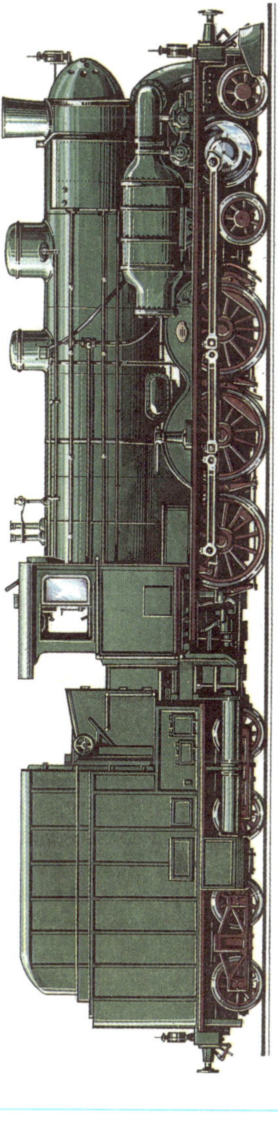

*Turbinenlokomotive von Zoelly*

- Die Erweiterung des Wärmegefälles durch Kondensation,
- die Steigerung des Kesselüberdruckes auf 60 und 120 at (5 884 und 11 768 kPa) in Verbindung mit hoher Überhitzung.

Zur Klärung des erstgenannten Problems wurden verschiedene Lösungen gesucht, die als Gemeinsamkeit die Entwicklung von Turbinenlokomotiven hatten. Erste Versuche zur Nutzung von Turbinen waren schon 1908 in Italien durchgeführt worden, wo man eine zweiachsige Auspuffturbinenlokomotive mit zwei Turbinen zu je 18,4 kW (25 PS) an jeder Achse baute. Die erzeugte Kraft wurde mechanisch übertragen. Schon zwei Jahre später konstruierte man in England eine weitere Dampfturbinenlokomotive als Tenderlokomotive mit elektrischer Kraftübertragung. Die Vergrößerung des Wärmegefälles im Interesse einer höheren Wirtschaftlichkeit wurde jedoch erst durch den Einsatz von Kondensatoren erreicht. Deshalb konzentrierten sich Forschungen und Versuche der folgenden Jahre auf Turbinenlokomotiven mit Rückkühler und Kondensator. Wesentliche Ergebnisse erreichten dabei der Engländer Ramsay, der Schwede Ljungström und der Schweizer Zoelly. Bei ihren Konstruktionen wurde es möglich, den Abdampf unter Vakuum niederzuschlagen, wobei die Turbine die vollständige Entspannung des Dampfes bis auf den Kondensatorenunterdruck ermöglichte. Zoelly, dessen Prinzip durch die Firma Krupp weiterentwickelt wurde, übertrug die im Kondensator freiwerdende Wärme an das Kühlwasser, das in einem besonderen Rückkühler durch dagegenströmende Luft abgekühlt wurde, wobei der größte Teil der Wärme durch Verdunstung von Kühlwasser gebunden wurde. Im Unterschied dazu wurde bei Ljungströms Kondensator die gesamte bei der Kondensation freiwerdende Wärme an die Luft abgeführt. Ramsay verwendete schließlich Rieselkondensatoren, bei denen der Dampfniederschlag in einer Röhrenanordnung erfolgte, die durch Berieselung gekühlt wurde. Durch das Rieselwasser wurde Luft geblasen, wobei es verdampfte und die freiwerdende Wärme teilweise band.

Die Entscheidung für eine bestimmte Kondensations-

*Prinzipskizze eines Kühltenders der Bauart Krupp*

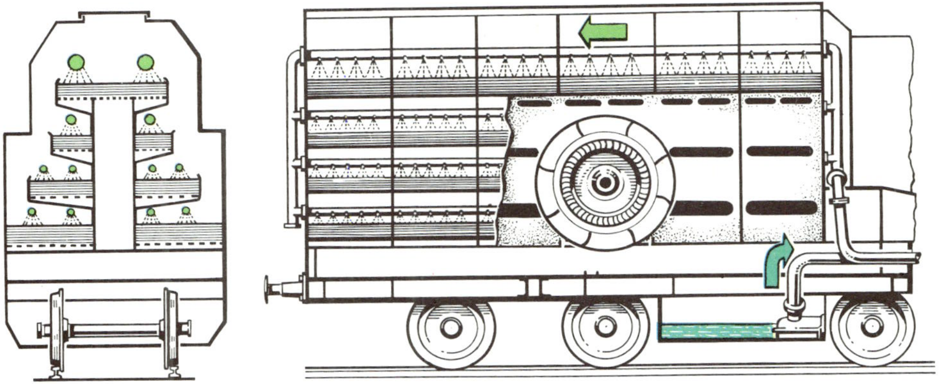

und Rückkühlungsbauart legte in der Regel auch ihre Anordnung auf der Lokomotive fest. Wegen seines großen Volumens wurde der Rückkühler bei einigen Lokomotiven auf dem Tender bzw. einem besonderen Fahrzeug untergebracht, denn die gleichzeitige Anordnung von Kühler und Kondensator etwa auf dem Tender führte zwangsläufig zu Einschränkungen in der Rückkühlerbauart und damit zu einer Verminderung des angestrebten Vakuums. Wurden dagegen Kühler und Kondensator auf dem Tender vereinigt, mußte notwendigerweise auch die Turbine auf dem Tender untergebracht werden, um die bewegliche Vakuumleitung zwischen Triebfahrzeug und Tender mit ihren bedeutenden Abmessungen zu vermeiden. Letztere Bauart wählte zum Beispiel Ljungström. Der eigentliche Triebfahrzeugteil seiner Lokomotive bestand nur aus einem Kessel, von dem der hochgespannte Dampf zum Tender geführt wurde, der den Kühler, den Kondensator und die Turbine trug, die mechanisch auf die Treibachsen des Triebtenders wirkte.

Generell wurde bei den Turbinenlokomotiven der Dampf nicht wie bisher den Zylindern, sondern abschalt- und regelbaren Düsenventilen einer Turbine zugeführt. Diese übertrug bei mechanischer Kraftübertragung das Drehmoment mit Hilfe eines Zahnradgetriebes, einer Blindwelle und Stangen auf die Treibachsen. Bei elektrischer Kraftübertragung wurden dagegen mit Hilfe von Drehstromgeneratoren Elektromotoren angetrieben, die – beispielsweise bei der 1921 von Ramsay gebauten Lokomotive – Blindwellen unter der Lokomotive und dem Triebtender bewegten.

Eine Lokomotive muß jedoch sowohl vorwärts als auch rückwärts fahren können. Im Falle von Kolbendampfmaschinen wird das durch eine Umsteuerung bewerkstelligt, und zwar in der Weise, daß praktisch in beiden Richtungen der Dampfverbrauch gleich hoch ist. Dagegen kann eine Turbine nicht umgesteuert werden, weil sie nur in einer Drehrichtung läuft. Deshalb mußte für die Rückwärtsfahrt, die aus betrieblichen Gründen unerläßlich ist, bei direktem Antrieb der Treibräder über eine Blindwelle eine zweite Turbine eingebaut werden, wenn man nicht – wie es auch versucht wurde – eine Umsteuerung im Getriebe vorsah. Dadurch wurde jedoch der knappe Platz auf den Lokomotiven erheblich beansprucht, zumal die Turbinenlokomotiven auch weitere unerläßliche Ausrüstungen brauchten: einen Feuerungsventilator zum Ersatz des Blasrohrs, einen oder mehrere Ventilatoren zum Rückkühlen (sie waren im äußeren Erscheinungsbild ein charakteristisches Kennzeichen späterer Turbinenlokomotiven), eine Luftpumpe für die Kondensation und bei den mit Wasser berieselten bzw. gekühlten Kondensatorbauarten eine Umlaufpumpe für das Kühlwasser. Außerdem benötigten Turbinenlokomotiven – wie die Lokomotiven mit Kolbendampfmaschinen – Speisepumpen und Kompressoren für die Druckluftbremsen.

Die Turbinenlokomotiven verbrauchten bedeutend weniger Frischwasser, weil sich der Abdampf in den Kondensatoren niederschlug und erneut zur Kesselspeisung genutzt werden konnte. Dadurch verminderte sich der Ansatz von Kesselstein auf den Heizflächen, und der Kessel mußte nicht so oft gereinigt werden. Ihr thermischer Wirkungsgrad lag bei 12 bis 15 %. Durch den Wegfall der hin- und hergehenden Massen des Triebwerks hatten die Maschinen außerdem einen sehr ruhigen Lauf. Allerdings war der Dampfverbrauch nur bei hohen Geschwindigkeiten und Leistungen niedrig, bei den vielen Leistungsschwankungen im praktischen Zugdienst dagegen erhöhte er sich erheblich im Vergleich zur Kolbendampfmaschine. Zusammen mit den höheren Anschaffungs- und Instandhaltungskosten, aber auch unter Berücksichtigung der konstruktiven Probleme rentierte sich deshalb dieser Entwicklungsweg, der mit einigen Baumustern versuchsweise eingeschlagen wurde, zunächst nicht. Zu den Versuchslokomotiven gehörten unter anderem zwei englische und zwei deutsche Maschinen, die 1923 von Krupp und 1926 von Maffei gebaut wurden. Obgleich die Turbinenlokomotive von Krupp bis 1941 im Dienst stand und Geschwindigkeiten bis zu 120 km/h erreichte und sich auch die Maffei-Lokomotive bewährte, wurden doch schon im Versuchsstadium die Grenzen des Dampfturbinenbetriebs bei der Eisenbahn sichtbar. In anderen Ländern wurde dieser Gedanke deshalb auch kaum aufgegriffen. Lediglich auf der Gränges-

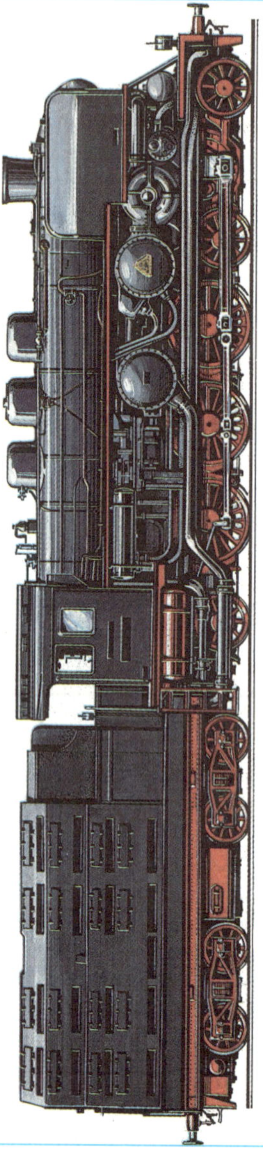

*Turbinenlokomotive von Krupp*

berg-Oxelösund-Bahn in Mittelschweden setzte man seit 1932 Dampfturbinenlokomotiven nach dem Ljungström-System ein. Aufgrund günstiger Betriebsführung eigneten sie sich dort und brachten eine beträchtliche Verminderung des Kohlen- und Wasserverbrauchs. Aber auch die schwedischen Eisenbahnen dehnten den Einsatz derartiger Lokomotiven nicht aus.

Die US-amerikanischen Eisenbahnen experimentierten erst wesentlich später mit Turbinenlokomotiven, obgleich sie dort auf den langen Strecken, die mit annähernd gleicher Geschwindigkeit durchfahren werden konnten, einen echten Vorteil versprachen. Ihre Entwicklung wurde vor allem durch das Bemühen stimuliert, die Dampftraktion gegenüber der sich immer mehr durchsetzenden Dieseltraktion konkurrenzfähig zu gestalten. Im Jahre 1937 setzte die Union Pacific Railroad die erste Turbinenlokomotive mit einer Achsfolge (2'Co) (Co2') für den schweren Zugdienst zwischen Chicago und der Pazifikküste ein. Jede Einheit dieser Doppel-Lok hatte einen Einzelachsantrieb durch elektrische Fahrmotoren und brachte eine Turbinenleistung von 1875 kW (2 500 PS). Der hauptsächliche betriebliche Effekt bestand in einer Verminderung der betrieblichen Halte auf dieser langen Strecke. Im Jahre 1944 erhielt die Pennsylvania Railroad die leistungsfähigste, von Baldwin gebaute Dampfturbinenlokomotive, eine 3'D3'-Schlepptenderlok. Unter Verzicht auf den Kondensator und mit mechanischer Kraftübertragung sowie Antrieb durch Blindwelle und Kuppelstange wies sie 5 175 kW (6 900 PS) Leistung auf. Nach dem Kriege wurden in den Jahren 1947 und 1954 zwei weitere Dampfturbinenlokomotiven an amerikanische Eisenbahngesellschaften geliefert. Danach wurde ihre Entwicklung zugunsten der Dieseltraktion eingestellt.

Der zweite Weg, den Energiebedarf der Lokomotiven unter Nutzung des Dampfes als Arbeitsträger zu senken, war durch die Nutzung hochgespannten Dampfes in der Größenordnung von 5 884 und 11 768 kPa (60 und 120 at) gegeben. Allgemein arbeitete man um 1930 in Deutschland und Frankreich mit einem Kesseldruck von 1 961 bis 2 059 kPa (20 bis 21 at), in Großbritannien von rund 1 373 bis 1716 kPa (rund 14 bis 17,5 at) und in den USA in Ausnahmefällen bis zu 2403 kPa (24,5 at). Auf Veranlassung der Deutschen Reichsbahn-Gesellschaft wurde nun in den Jahren 1928/29 eine Lokomotive der Baureihe $17^2$ von der Firma Henschel umgebaut und eine weitere von der Firma Schwartzkopff (mit einem von Löffler entwikkelten Zwangsumlaufkessel) neu gebaut. Bei ersterer erhöhte man den Kesseldruck auf 5884 kPa (60 at) und erhitzte den Heißdampf auf 400 °C. Bei der zweiten wurde der Hochdruckdampf von 11768 kPa (120 at) auf 480 bis 500 °C erhitzt. In beiden Fällen wurden Hoch- und Niederdruckzylinder verwendet. Der Wirkungsgrad stieg bei diesen Höchstdrucklokomotiven auf 15,8 %, der Kohleverbrauch sank um 20 %. Jedoch hinderte der außergewöhnliche Aufwand für Bau und Instandhaltung eine Verbreitung dieser Maschinen. Die Versuche mit der Schwartzkopff-Lokomotive wurden nach zwei Jahren eingestellt. Auch die Verwendung des La Mont-Kessels bei der Deutschen Reichsbahn ab 1951 (größter Dampfüberdruck 6400 kPa – Baureihe 45024) führte trotz beachtlicher Brennstoffersparnis zu keiner weiteren Entwicklung.

Eine Zwischenlösung suchte man mit den Mitteldrucklokomotiven zu erreichen, die in den Jahren 1932/33 in den Baureihen $02^1$, 24 und 44 mit einem Kesseldruck von 2452 bis 3432 kPa (25 bis 35 at) entstanden. Auch sie arbeiteten mit zweistufiger Dampfdehnung, bewährten sich aber im Endeffekt nicht besser als die Hochdrucklokomotiven. Vor allem zeigte sich, daß die Lokomotivkessel in der herkömmlichen Stephenson-Bauart diesen Anforderungen trotz des Einsatzes von Spezialstählen für die Feuerbüchse nicht gewachsen waren. Der Dampfdruck in diesen Lokomotiven wurde deshalb schon bald auf 1961 kPa (20 at) herabgesetzt.

Im Interesse einer besseren Energiewirtschaft der Dampflokomotiven lagen auch Versuche, andere als die allgemein üblichen festen Brennstoffe einzusetzen. Sie hatten bei stationären Dampfmaschinen schon Erfolge gebracht. Zu den Sonderbauarten, die in diesem Zusammenhang entstanden, gehörten die Kohlenstaublokomotiven. Schon 1904 hatte man erstmals in den USA die Möglichkeit geprüft, an Stelle der bei den Rostlokomoti-

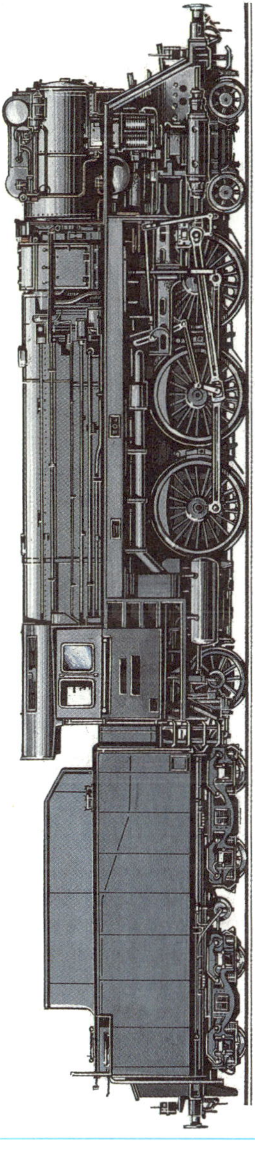

*Deutsche Höchstdrucklok der Bauart Löffler-Schwartzkopff*

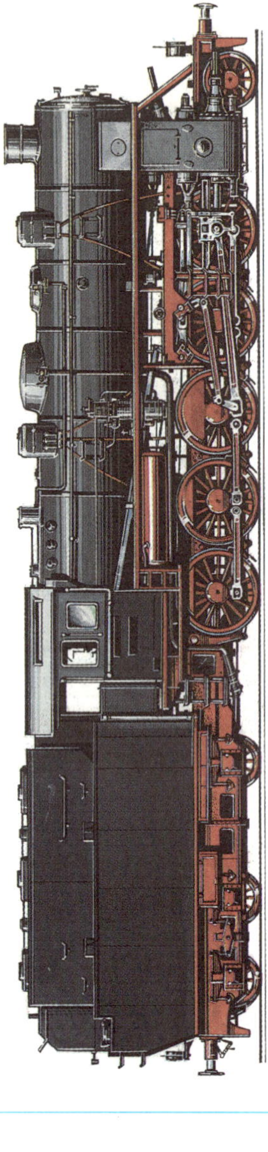

*Kohlenstaublokomotive nach System Stug*

ven eingesetzten Brennstoffe mit hohem Heizwert und bestimmter Körnung, zu Staub zermahlene heizwertärmere und billigere Kohlensorten zur Lokheizung zu verwenden. Allerdings war der Erfolg zunächst gering, weil der Kohlenstaub nicht fein genug war. Günstigere Ergebnisse brachten schwedische Versuche mit Torfstaub. Im Jahre 1912 erstmals in einer Umbaulok getestet, fuhren zwischen 1914 und 1928 fast dreißig Torf- und Kohlenstaublokomotiven auf den schwedischen Strecken.

Die deutschen Eisenbahnen griffen diesen Gedanken auf, als nach dem Ende des ersten Weltkrieges ein akuter Kohlenmangel herrschte. Außerdem versprach der Einsatz heizwertärmerer Kohlensorten finanzielle Einsparungen, die die Versuche angesichts der hohen Reparationsbelastungen der Deutschen Reichsbahn-Gesellschaft unterstützten. Die AEG und die »Stug« (eine Studiengesellschaft der Firmen Henschel, Borsig, Krupp, Hanomag und Schwartzkopff mit Unterstützung der Kohlensyndikate) begannen 1924 mit den Entwicklungsarbeiten. Der feingemahlene Kohlenstaub wurde durch Förderschnekken zunächst zum Vorderende des Tenders bugsiert und von da mit Frischluft vermischt durch besondere Brenner in die Feuerbüchsen eingeblasen. Die Förderschnecke wurde durch eine kleine Kolbendampfmaschine und das Gebläse durch eine Turbine betrieben. Für den Heizer verminderte sich die schwere körperliche Arbeit, obwohl die Heizflächenbelastung auf 80 bis 90 $kg/m^2h$ gesteigert wurde. Die Brenner waren unterschiedlich gestaltet. Bei der AEG-Lok trat das Staub-Luft-Gemisch durch verschiedene senkrechte Schlitze an beiden Seiten des Aschekastens ein; bei der Stug-Lok waren die Brenner an der Rückseite des Aschekastens angebracht. Beide Bauarten wurden im Verlaufe des Umbaus von insgesamt zehn Lokomotiven (sechs System AEG, vier System Stug) auf Kohlenstaubfeuerung mehrfach verbessert. Nachdem sie anfangs in Halle eingesetzt wurden, überstellte man sie später nach Senftenberg, weil dort eine Spezialmahlanlage entstanden war.

Die Kohlenstaublokomotiven zeigten einen um 10 % gestiegenen Kesselwirkungsgrad und waren bis Anfang der vierziger Jahre im Einsatz. Trotzdem hatten sie auf-

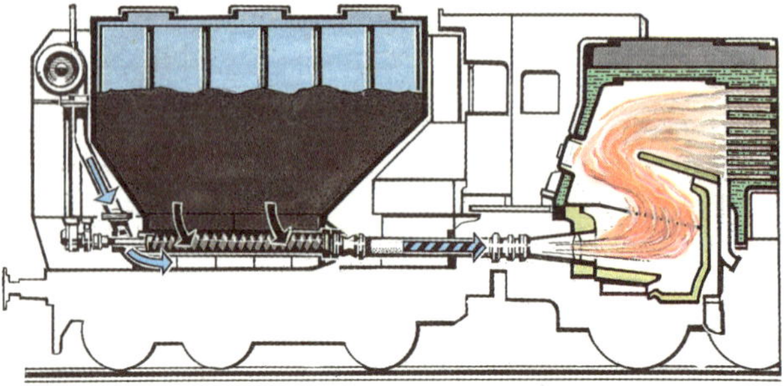

*Prinzipskizze einer Kohlenstaublokomotive System Stug*

grund der Mängel, die beim Vermahlen und beim Einsatz ungeeigneter Kohlensorten entstanden, noch keinen durchschlagenden Erfolg, so daß ihre Anzahl nicht erhöht wurde. In den Jahren nach dem zweiten Weltkrieg wurde das Prinzip angesichts der erheblichen Probleme in der Kohlenversorgung der Eisenbahnen von der Deutschen Reichsbahn in Form der Bauart Wendler wieder aufgegriffen. Durch wesentliche Verbesserungen des gesamten Systems konnten beachtliche Fortschritte erreicht werden. Dazu gehörten z. B. der Übergang vom Druck- auf das Saugprinzip und der damit mögliche Wegfall von Förderschnecken und besonderen Gebläsen, die Verwendung eines von der Außenluft abgeschlossenen Feuerraums mit neu entwickelten Brennern und ein erheblich vereinfachter Tender. Gegenüber der rostgefeuerten Lokomotive lag der Kesselwirkungsgrad um 10 % höher, und im schweren Zugbetrieb wurden gegenüber der Braunkohlenbrikettfeuerung Brennstoffeinsparungen bis zu 35 % erreicht. Insgesamt hundert Dampflokomotiven wurden deshalb über einen längeren Zeitraum mit Kohlenstaub befeuert.

In größerem Umfange hatten in den zwanziger Jahren außerdem die amerikanischen und sowjetischen Eisenbahnen mit Kohlenstaublokomotiven experimentiert. Im Unterschied zu den schwedischen und deutschen Konstruktionen entwickelten sie zusätzlich sogenannte Mahltender, d. h. sie führten die Mahlanlagen auf dem Tender mit. Das war angesichts der günstigeren Raumverhältnisse dort möglich.

Aus energiewirtschaftlichen und finanziellen Gründen wurde bei Dampflokomotiven darüber hinaus schon zeitig mit Ölfeuerung gearbeitet, verständlicherweise vor allem in den Ländern, in denen billiges Erdöl zur Verfügung stand. Bereits 1885 hatten die russischen Eisenbahnen – wie auch etwas später die amerikanischen – versuchsweise das bei der Rohöldestillation als Rückstand anfallende Masut eingesetzt. Es wurde im Tender durch Heizrohre vorgewärmt und der Feuerbüchse durch einen Dampfstrahl über einen Rund- oder Flachbrenner zugeführt, wo es zerstäubt und mit Luft gemischt verbrannt wurde. Verbesserte Bauarten waren seit den zwanziger Jahren vor allem in den USA, aber auch in der UdSSR im Einsatz. Der dabei erzielte Erfolg setzte jedoch in jedem Falle die Verfügbarkeit über billiges Masut voraus. Für die west- und mitteleuropäischen Länder, die Erdöl importieren mußten, war der wirtschaftliche Anreiz nicht groß genug, so daß die Ölfeuerung hier erst nach dem zweiten Weltkrieg genutzt wurde. Allerdings erfolgte

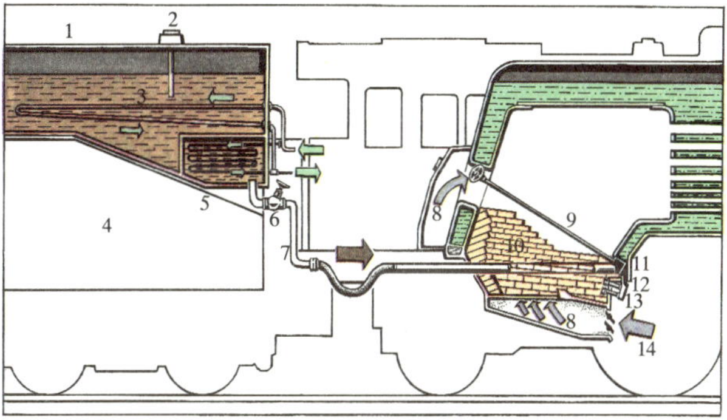


*Prinzipskizze einer Lokomotive mit Ölfeuerung. 1 – Ölbehälter; 2 – Entlüftung; 3 – Heizschlange; 4 – Wasserkasten; 5 – Vorwärmer; 6 – Ventil; 7 – Ölleitung; 8 – Luft; 9 – Welle; 10 – Schamotte; 11 – Drehschieber; 12 – Brenner; 13 – Hilfsbrenner; 14 – Luftklappe*

das nur in geringerem Umfang, weil sich zum Zeitpunkt ihrer Einführung die Ablösung der Dampftraktion durch moderne Traktionsarten bereits deutlich abzeichnete.

Sowohl die Verwendung des Kohlenstaubs als auch die des Öls erleichterte die bei Dampflokomotiven sehr harte körperliche Arbeit der Heizer. Besonders bei den großen amerikanischen und später auch sowjetischen Dampflokomotiven waren angesichts der wachsenden Rostflächen schon bald die Grenzen menschlicher Leistungsfähigkeit überschritten. Dort wurden deshalb sogenannte Stoker (engl. Heizer) zur mechanischen Rostbeschickung eingesetzt. Dabei wurde der Boden des Tenders als Trog mit einer Förderschnecke ausgebildet. Mit dieser und zwei weiteren Förderschnecken, die untereinander mit einem Kardangelenk verbunden waren, wurde die Kohle zu einer Verteilerplatte unterhalb der Feuertür transportiert. Von dort bliesen sie mehrere Dampfstrahlen auf den Rost. Die Förderleistung der Stoker erreichte bis zu 10 t/h. (Nach dem zweiten Weltkrieg verwendete unter anderen die ČSD derartige Stoker.)

Neben der Einführung neuer Brennstoffe liefen weitere Versuche, um die Effektivität der Dampflokomotive zu erhöhen, beispielsweise durch Verbesserungen der Lokomotivsteuerung. Über viele Jahrzehnte hinweg regelte man den Zutritt des Dampfes zu den Zylindern und seinen Austritt in expandierter Form mit Hilfe von Flachschiebern bzw. Kolbenschiebern. Schon 1905 verbesserte der deutsche Ingenieur Lentz den Steuermechanismus durch eine Ventilsteuerung, die den Dampfein- und -austritt durch Ventile selbsttätig regelte. Sie wurde in Italien und Frankreich weiterentwickelt, besonders durch den Einsatz von rotierenden Nocken. So wurden praktisch unbegrenzte Variationen im Füllungsgrad der Zylinder möglich, die eine verbesserte Ausnutzung der Dampfdehnung und damit zugleich eine Einsparung von Kohle brachten. Zuerst nutzten die oldenburgischen Eisenbahnen die Ventilsteuerung, nach dem ersten Weltkrieg auch ausländische – unter anderem die österreichischen – Eisenbahnverwaltungen. Bei den deutschen Lokomotiven konnte sich die Ventilsteuerung dagegen nach einigen Anfangserfolgen nicht durchsetzen. Man bevorzugte hier wegen ihrer größeren Einfachheit Flach- oder Kolbenschieber.

Eine wichtige, vor allem im 20. Jahrhundert immer mehr vervollkommnete Methode zur Erhöhung der Zugkraft der Lokomotiven auf schwierigen Strecken war der Bau von Gelenklokomotiven. Eine erste derartige Maschine war schon 1852 von der belgischen Lokomotivfabrik Cockerill gebaut worden. Das ihr zugrunde liegende Prinzip wurde mit der britischen Fairlie-Lokomotive und der Gelenklokomotive des Schweizers Mallet, der auch die Verbundwirkung für Lokomotiven eingeführt hatte, vervollkommnet. Die Gelenklokomotiven waren zunächst für den Einsatz auf Gebirgsstrecken gedacht, wo die erforderliche Leistung eine größere Zahl gekuppelter Radsätze verlangte, die aber wegen der kleineren Krümmungsradien der Gleise nicht in einem Rahmen untergebracht werden konnten. Das Triebwerk wurde deshalb in zwei Triebgestelle geteilt, die bei den einzelnen Bauarten auf unterschiedliche Art und Weise miteinander verbunden waren. Aus den Verbund-Schlepptenderlokomotiven der Bauart Mallet wurden seit den zwanziger Jahren die gigantischen Gelenklokomotiven der USA entwickelt. Rekorde erreichte dabei die »Big-Boy«-Klasse der Union Pacific Railroad. Ihre größte Lokomotive wurde 1941 in Dienst gestellt. Es handelte sich um eine 2'D + D'2-Lokomotive mit siebenachsigem Tender, die dienstbereit eine Masse von 350 t, einschließlich Tender von 548 t, hatte.

Die britische Lokomotivfabrik Beyer Peacock & Co. baute außerdem in größerem Umfange die von ihr entwickelten Beyer-Garrat-Gelenklokomotiven. Sie wurden vorwiegend für Schmalspurbahnen nach Süd- und Ostafrika, aber auch in andere Länder der Erde exportiert, in denen die Beschaffenheit des Streckennetzes den Einsatz von Gelenklokomotiven erforderte.

Der deutsche Dampflokomotivenbau stand in der Zeit nach dem ersten Weltkrieg unter dem Zeichen des Zusammenschlusses der Länderbahnen zur Deutschen Reichsbahn, in der nun endlich – nach 85 Jahren Eisenbahnbetrieb – die staatlichen Eisenbahnen zusammengefaßt wurden. Durch die jahrzehntelange Zersplitterung bedingt, hatte die Deutsche Reichsbahn bei ihrer Bildung

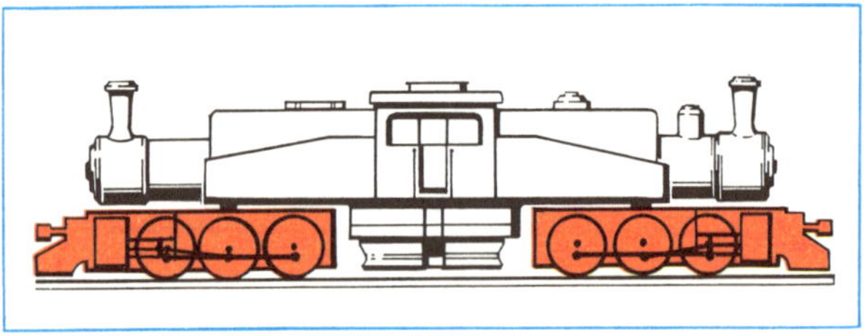
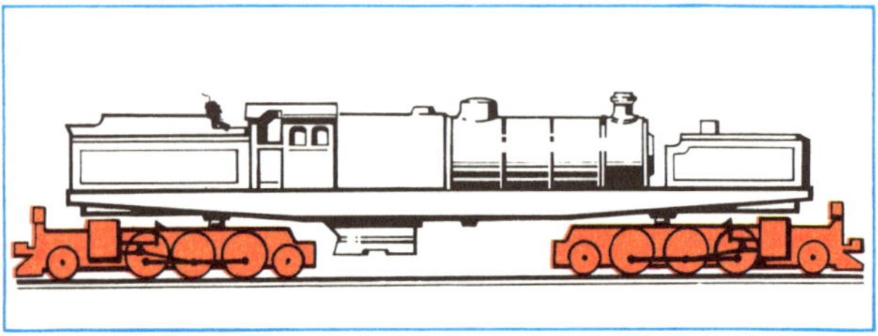

*Gelenklokomotiven. Von oben nach unten: Mallet-Gelenklokomotive; Beyer-Garrat-Gelenklokomotive; Fairlie-Gelenklokomotive; Modified Fairlie-Gelenklokomotive*

am 1. April 1920 einen Lokomotivpark mit mehr als 210 Gattungen und Untergattungen übernommen, die zum Teil technisch längst überholt und betrieblich überaltert waren. Betrieb und Unterhaltung dieser Vielzahl von Lokomotivgattungen auf einem verkleinerten Netz – durch Gebietsabtrennungen im Ergebnis des ersten Weltkrieges hatte sich im Jahre 1919 die Länge der regelspurigen deutschen Eisenbahnen um fast 8 000 km auf rund 56 000 km verringert – verursachten erhebliche Schwierigkeiten, so daß zielgerichtet die Entwicklung der schon lange angestrebten »Einheitslokomotiven« begann. Dabei verfolgte der mit dieser Aufgabe betraute »Lokomotivausschuß« drei Grundprinzipien:

- die Vereinheitlichung der Lok-Gattungen und Reduzierung auf wenige Grundtypen, die den verschiedenen Einsatzbereichen im Schnellzug-, Personenzug- und Güterzugverkehr sowie auch im Rangierdienst entsprachen,
- das Erhöhen der Leistungen, um den steigenden Anforderungen hinsichtlich Geschwindigkeit und Rentabilität der Zugförderung zu entsprechen,
- die Verbesserung der Wirtschaftlichkeit im Betrieb.

Besonders bei den beiden letztgenannten Aufgaben spielte außerdem die sich nun auch in Deutschland ausbreitende Konkurrenz des Kraftverkehrs eine Rolle, die den Eisenbahnen etwa seit Mitte der zwanziger Jahre durch wachsende Einnahmeverluste bewußt wurde. Die spezifischen Vorteile dieses sich formierenden neuen Verkehrsträgers bestanden in seiner Unabhängigkeit von einem analog zum Schienennetz festgelegten Verkehrsweg und der damit verbundenen Möglichkeit, sich den Wünschen der Verkehrskunden weit besser anpassen zu können, in der Möglichkeit des Haus-Haus-Verkehrs, in seiner schnelleren Betriebsbereitschaft und in den weit geringer dimensionierten Verkehrsmitteln, die sich dem tatsächlichen Verkehrsbedarf vor allem im Flächenverkehr flexibler anpassen konnten als die Eisenbahn mit ihren traditionellen Zügen.

Alle Entwicklungsarbeiten, die der Lokomotivausschuß veranlaßte, stützten sich auf die jahrzehntelangen Erfahrungen im Eisenbahnbetrieb, insbesondere auf die wesentlichen Fortschritte des Dampflokomotivbaues seit dem Ende des 19. Jahrhunderts. Gleichzeitig führten die Deutsche Reichsbahn (DR) und – nach ihrer Umbildung im Zusammenhang mit den deutschen Reparationsverpflichtungen – die Deutsche Reichsbahn-Gesellschaft (DRG) in ihren eigenen Versuchsanstalten und zusammen mit der Industrie gezielte Weiterentwicklungen durch. Wegen der Massenhaftigkeit des Bedarfs und der Größe des Betriebes konnten Versuche in einem Umfang durchgeführt werden, der zur gleichen Zeit bei keinem anderen Verkehrsträger (und auch nicht in der Industrie) anzutreffen war. Grundsätzlich wurde dabei der technische Fortschritt von seiten des Staatsunternehmens DR bzw. DRG im Interesse vor allem der bedeutendsten Verkehrskunden stark gefördert.

Die wichtigsten Verbesserungen kamen in den zwanziger Jahren zustande, wenn auch, wie erwähnt, der grundsätzliche Aufbau der Dampflokomotive davon wenig beeinflußt wurde. In den dreißiger Jahren nahm die Breite der Entwicklungsarbeiten deutlich ab. Alle einschlägigen Arbeiten dieser Jahre trugen auffallend den Stempel strategischer Interessen, ganz besonders bei der Konstruktion der »Kriegslokomotiven« (Baureihen 42 und 52 mit der Achsfolge 1'E; letztere Baureihe seit 1942 in etwa 6 300 Stück gebaut). Sie wurden u. a. in dem Sinne »entfeinert«, daß auf mechanische und thermodynamische Vorteile zugunsten einer einfacheren Fertigung und betrieblichen Robustheit verzichtet wurde.

Von den für die einzelnen Einsatzgebiete entwickelten »Einheitslokomotiven« seien einige der sogenannten Muttertypen genannt, die das Leistungsbild des internationalen Dampflokomotivbaus jener Jahre mit prägten. Als erste Einheitslokomotive wurde 1925 eine Schnellzuglokomotive (01) in Betrieb genommen, weil gerade auf diesem Gebiet, zum einen durch den Konkurrenzdruck des Kraftverkehrs, zum anderen, weil im Zuge der deutschen Reparationsleistungen eine erhebliche Zahl leistungsstarker Schnellzuglokomotiven an die europäischen Siegerstaaten hatte abgeliefert werden müssen, ein empfindlicher Mangel herrschte. Die Baureihe 01 umfaßte Heißdampf-Schnellzuglokomotiven in der Achsan-

*Gelenklokomotive der US-amerikanischen Big Boy-Klasse*

*Einheitslokomotive der Baureihe 01*

*Stromlinienverkleidete Lokomotive der Baureihe 03 (oben) und 05 (unten)*

ordnung 2'C1' mit einer maximalen Achsmasse von 20 t. Der Kesselüberdruck betrug 14 at (1 373 kPa). Obgleich grundsätzlich einstufige Dampfdehnung verwendet werden sollte, überprüfte man bei einigen Baumustern dieser Reihe die damals in Süddeutschland noch weitverbreitete Verbundwirkung. In eingehenden Versuchen zeigte sich jedoch erst bei einer Leistung von 736 kW (über 1 000 PS) ein Vorteil der Verbundwirkung, so daß beim weiteren Bau den einfacheren Zweizylindermaschinen[1]) mit einfacher Dampfdehnung der Vorzug gegeben wurde. Sie entwickelten mit einer Geschwindigkeit von 60 km/h eine Leistung am Zughaken von 1 362 kW (1 850 PS) und zeigten sich damit allen bisherigen Schnellzuglokomotiven überlegen.

Vor allem unter dem Aspekt der Kriegsvorbereitung und -durchführung ließ die Deutsche Reichsbahn in den Jahren 1939/40 50 derartige Maschinen mit Dreizylindertriebwerken unter der Bezeichnung $01^{10}$ bauen. Sie erhielten zur Verminderung des Luftwiderstandes bei hohen Fahrgeschwindigkeiten eine Stromlinienverkleidung, die in Windkanalversuchen und bei praktischen Fahrten erprobt wurde. Es zeigte sich, daß völlig verkleidete Maschinen bei einer Geschwindigkeit von 140 km/h am Zughaken 48 % mehr effektiver Zugkraft ergaben. Deshalb wurden auch andere Baureihen (zum Beispiel 03 und 05) mit gleichen oder ähnlichen Verkleidungen ausgerüstet. Im Endeffekt zeigten sich jedoch durch Beeinträchtigung der Verbrennungsluft in den Aschkästen bzw. durch ungünstigere Zugänglichkeit der Triebwerksteile, die auch durch den Einbau von Jalousien nicht wesentlich verbessert wurde, aber auch durch die Tatsache, daß die Vorteile einer derartigen Verkleidung erst bei Geschwindigkeiten von über 120 km/h wirksam wurden, eine Reihe schwerwiegender Nachteile. Sie führten dazu, daß diese Verkleidungen bei allen damit ausgerüsteten Lokomoti-

1 Die Dampfzylinder sind Teil des Zylinderblocks. In ihnen wird der Dampf entspannt, wobei er gleichzeitig mechanische Arbeit verrichtet. Für die einfache Dampfdehnung sind mindestens zwei, für die Verbundwirkung mindestens ein Hochdruck- und ein Niederdruckzylinder üblich.

ven nach dem Kriege wieder abgenommen wurden. Die Stromlinienverkleidungen verwendeten damals übrigens auch andere ausländische Eisenbahnverwaltungen mit dem gleichen Ergebnis. Die Schnellzuglokomotiven der Baureihe 01 nehmen unter den »Klassikern« der Dampflokomotive zweifellos eine Sonderstellung ein. Mehr als 50 Jahre lang wurden sie mit Erfolg im Betriebsdienst verwendet, wenn auch mit zahlreichen Veränderungen in der zweiten »Lebenshälfte«. Nach Überschreiten des üblichen Dienstalters von 25 Jahren erfolgte seit 1950 bei der Deutschen Reichsbahn eine Rekonstruktion, bei der Deutschen Bundesbahn eine Bauartänderung. Damit entsprachen beide Bahnverwaltungen dem während der langen Nutzungsdauer erreichten technischen Fortschritt; denn technisch war die 01 zu diesem Zeitpunkt bereits eindeutig überholt. Durch die Vorbereitung und Durchführung des zweiten Weltkrieges war der deutsche Lokomotivbau hinsichtlich der Entwicklung neuer Konstruktionen in einen Rückstand geraten. Da sich jedoch Anfang der fünfziger Jahre der bevorstehende Traktionswechsel bereits mit aller Deutlichkeit abzeichnete, erschien es den Bahnverwaltungen beider deutscher Staaten vorteilhafter, keine Neuentwicklung im großen Stil zu betreiben, sondern (mit wenigen Ausnahmen) auf vorhandene Möglichkeiten zurückzugreifen.

Für die Leistungsfähigkeit der »klassischen« Dampflokomotiven legten die vorrangig für Schnellfahrten entwikkelten Lokomotiven der Baureihe 05 gleichfalls beredtes Zeugnis ab. 1935 wurden die ersten beiden Maschinen in der Achsanordnung 2'C2' in Dienst gestellt. Bei Schnellfahrversuchen stellte die 05 002 im Jahre 1936 den Geschwindigkeitsrekord für Dampflokomotiven mit 200,4 km/h auf. Dabei wurde eine indizierte Zylinderleistung von 2 502 kW (3 400 PS) erreicht. Diese Geschwindigkeit wurde 1938 von der englischen 2'C1' Stromlinien-Lokomotive »Mallard« mit 202,7 km/h und 1946 von der nordamerikanischen Dampflokomotive der Pennsylvania Railroad »The Trail Blazer« mit 226 km/h überboten. Allerdings konnten diese Rekordgeschwindigkeiten im normalen Zugdienst aus Sicherheitsgründen kaum oder nicht genutzt werden. Das verboten der Zustand des

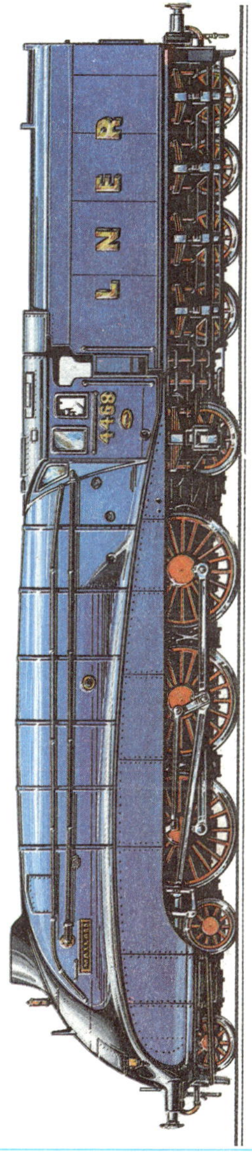


*Englische Stromlinienlokomotive »Mallard«*

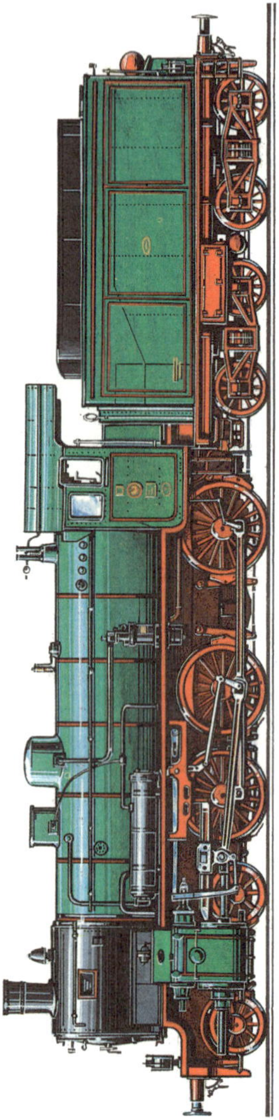

*Preußische Personenzuglokomotive P 8*

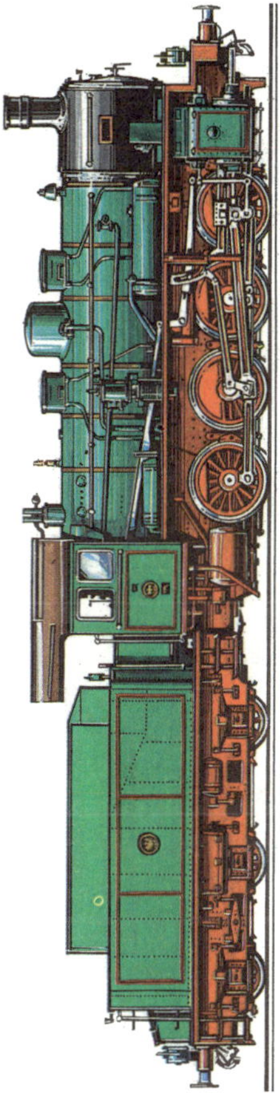

*Preußische Güterzuglokomotive* $G\ 8^1$

Oberbaus, die Kurvenradien und die üblichen Bremssysteme. Die gleichen Ursachen hatten schon früher ein generelles Erhöhen der Fahrgeschwindigkeiten nicht gestattet.

Neben den neu entwickelten Einheitslokomotiven entsprachen jedoch auch früher gebaute Reise- und Güterzuglokomotiven hinsichtlich ihrer Geschwindigkeit wie auch ihrer übrigen Leistungen noch längere Zeit den Anforderungen, so daß wegen des akuten Lokmangels nach dem ersten Weltkrieg nicht wenige bewährte Bauarten noch in großen Stückzahlen und über mehrere Jahre hinweg ausgeliefert wurden. Als Beispiel des deutschen Lokomotivbaus, der damals im Weltmaßstab eine vordere Position einnahm, sei die preußische Heißdampf-Personenzuglokomotive P 8 mit der Achsanordnung 2'C, deren erste Exemplare schon 1906 dem Betrieb übergeben worden waren, erwähnt. Sie wurde bis 1923 mit verschiedenen Veränderungen weiter gebaut, im Ausland (Rumänien, Litauen, Türkei, Polen) sogar bis 1931. Insgesamt wurden etwa 3 800 Lokomotiven dieser Bauart ausgeliefert, davon allein an die preußische Staatsbahn 3 370. Noch 1968 waren davon etwa 300 in Betrieb.

In erheblich größerer Stückzahl entstanden preußische Güterzuglokomotiven der Baureihe G $8^1$, einer Heißdampflokomotive mit der Achsanordnung D. In der Zeit von 1913 bis 1921 wurden 5 260 derartige Lokomotiven ausgeliefert, davon rund 150 an die schwedischen, rumänischen und polnischen Staatsbahnen, so daß die G $8^1$ die damals im internationalen Maßstab am meisten beschaffte Lokomotivgattung war. Die lange Nutzungsdauer der Dampflokomotive[1]) bewirkte außerdem, daß seit 1935 eine große Anzahl der G $8^1$ von der Deutschen Reichsbahn-Gesellschaft zusätzlich mit einer vorderen Lauf-

1 Die Normnutzungsdauer der deutschen Dampflokomotiven lag damals bei 25 Jahren oder 3 Millionen km Laufleistung, die in der Praxis oft weit überschritten wurden. Letzteres wurde außerdem durch Verbesserung des Werkstättendienstes erreicht, die die Laufleistung der Lokomotiven zwischen zwei Untersuchungen auf 100 000 km, bei Einheitslokomotiven auf 250 000 km erhöhte, so daß sie weniger oft aus dem Betrieb gezogen werden mußten und sich ihr betrieblicher Einsatz erhöhte.

achse ausgerüstet wurde, wobei gleichzeitig der Rahmen durch Anschweißen verlängert sowie der Kessel nach vorn verschoben und gehoben wurde. Der Effekt dieser Maßnahmen bestand in einer Verringerung des Achsdruckes der Kuppelachsen von 17 auf 16 t, die die Lok auch für den Einsatz auf Nebenstrecken geeignet machte. Gleichzeitig steigerte sich die Höchstgeschwindigkeit von 55 auf 70 km/h.

Stellvertretend für die Schnellzuglokomotiven, die nach dem ersten Weltkrieg weitergebaut wurden, sei schließlich die sächsische 1'D1'-Heißdampflok der Gattung XX HV genannt, die – auf früheren Vorbildern beruhend – von 1918 bis 1923 gebaut wurde. Sie repräsentierte einen der Höhepunkte des sächsischen Lokomotivbaus und zählte zum damaligen Zeitpunkt zu den stärksten Schnellzuglokomotiven des europäischen Kontinents. Im Flachland konnte sie 630 t mit 100 km/h ziehen, bei Steigungen von 10 % 495 t mit 50 km/h, wobei sie ein hervorragendes Anzugs- und Beschleunigungsvermögen aufwies und über eine beachtliche Kesselreserve verfügte.

Vergleicht man diese »Vorkriegs«-Lokomotive mit denen der zwanziger und dreißiger Jahre, so fällt im allgemeinen Durchschnitt eine wesentlich höhere indizierte Leistung auf. Brachten die deutschen Dampflokomotiven von 1923 durchschnittlich etwa 956 kW (1 300 PS), so erreichten sie in den dreißiger Jahren durchschnittlich etwas über 1 325 kW (1 800 PS). Wesentlich darüber lagen die Lokomotiven der Baureihen 01 (maximal 1 649 kW – 2 240 PS), 05 (Rekord 2 502 kW – 3 400 PS); Norm 1 737 kW – 2 360 PS und die Güterzuglokomotiven der Baureihe 45, die ab 1936 aus dem Bedürfnis gebaut wurden, Güterzüge schneller zu fahren und später vorwiegend unter militärischen Gesichtspunkten auf 2 223 kW (3 020 PS) gebracht wurden. Die höheren Leistungen erlaubten generell eine ansteigende Geschwindigkeit und eine größere Zugkraft auch bei Güterzügen. Die Loks der Baureihe 45 beispielsweise sollten in der Waagerechten Züge von 1 200 t mit einer Geschwindigkeit von 80 km/h und bei Steigungen von 5 % Züge von 1 000 t mit 60 km/h befördern können.

*Sächsische Schnellzuglokomotive XX HV*

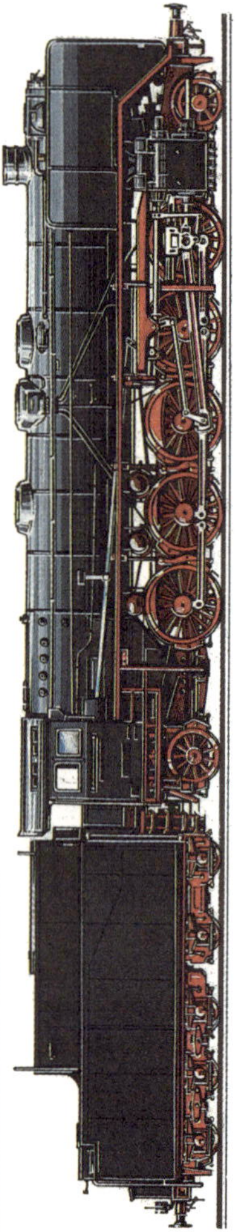

*Güterzuglokomotive der Baureihe 45*

Die Dampflokomotiven der europäischen Eisenbahnverwaltungen wiesen auch in den zwanziger und dreißiger Jahren in konstruktiver Hinsicht viele Gemeinsamkeiten auf. Nationale Unterschiede zeichneten sich unter anderem darin ab, daß – im Unterschied zu Deutschland – in Italien und Frankreich schon seit Anfang des Jahrhunderts viergekuppelte Schnellzuglokomotiven in großem Umfange eingesetzt worden waren. In Frankreich vervollkommnete man außerdem die Verbundwirkung ständig, ein Gebiet, das die deutschen Lokomotivbauer seit den Einheitslokomotiven der zwanziger Jahre vernachlässigt hatten. In Frankreich war es besonders Chapelon, der die Dampfüberhitzung zwischen dem Hochdruck- und dem Niederdruckzylinder einführte, weil er beweisen konnte, daß die Überhitzung beim hochgespannten Dampf wenig Nutzen bringt. Dafür erwärmte er den Hochdruckzylinder von außen durch den Abdampf, um die Kondensationsverluste im Zylinder zu vermindern. Auf diese Weise konnte er beispielsweise die Leistung einer 2'C1'-Verbundlokomotive von 1 067 kW (1 450 PS) auf 1 950 kW (2 650 PS), also auf das rund 1,8fache, erhöhen.

Wesentliche Unterschiede wiesen dagegen die nordamerikanischen und sowjetischen Dampflokomotiven hinsichtlich ihrer Leistungen, aber auch ihrer Abmessungen auf. Das überdimensionale Wachsen dieser Lokomotiven war durch die besonderen wirtschaftlichen Anforderungen bedingt und wurde durch objektive Voraussetzungen auf den Strecken ermöglicht. So verwendeten die amerikanischen Eisenbahnen zum Beispiel trotz gleicher Spurweite schwerere Schienenprofile, die höhere Achslasten erlaubten. Die Umgrenzungslinien der Fahrzeuge waren gleichfalls größer, besonders die zulässige Bauhöhe der Fahrzeuge. Dadurch konnte der Gesamtkesseldurchmesser, der bei den deutschen Eisenbahnen 2 m betrug, auf 2,7 m vergrößert und die Querschnittfläche fast verdoppelt werden. Im annähernden Verhältnis wuchsen Heizfläche und Leistungsfähigkeit des Kessels. Die daraus resultierenden Achsmassen bis zu 35 t erforderten eine neue Rahmenbauart, bei der ein einziges Stahlgußstück den gesamten Lokomotivrahmen einschließlich Dampfzylinder, Querversteifungen, Gleitbahn-, Steuerungs- und Kesselträger zusammenfaßte. Die größten dieser Dampflok-Giganten hatten Längen von etwa 35 m, einschließlich Tender von fast 50 m. Dabei muß erwähnt werden, daß der Bau derartiger Maschinen auch wesentlich durch die immer schärfere Konkurrenz des Kraftverkehrs verursacht wurde. Schon 1924 hatten die US-amerikanischen Eisenbahnen 24 % weniger Reisende als 1920 zu verzeichnen und aus dem gleichen Grund für das Jahr 1923 einen Einnahmeverlust von immerhin 70 Millionen Dollar errechnet. Durch Leistungssteigerung und Effektivitätsverbesserung versuchten die Eisenbahnen deshalb dem wachsenden Konkurrenzdruck auszuweichen.

Dem Bau der großen sowjetischen Dampflokomotiven – vor allem für den Güterverkehr – lagen andere Motive zugrunde. Die sowjetischen Eisenbahnen mußten nicht allein den technischen Rückstand der früheren zaristischen Eisenbahnen aufholen, sie hatten auch außerordentliche Anforderungen beim raschen Auf- und Ausbau der Wirtschaft in dem riesigen Land zu bewältigen. Der sowjetische Lokomotivbau konzentrierte sich in den zwanziger und dreißiger Jahren auf den Bau einiger leistungsfähiger Baureihen, die in sehr großen Stückzahlen entstanden und dadurch Betrieb und Unterhaltung wesentlich erleichterten. Eine Sonderbauart, die als Versuch zu betrachten ist, stellte die 1934 gebaute einzige Lokomotive der Welt mit sieben angetriebenen Achsen in einem starren Rahmen dar. Weitverbreitet waren in der Sowjetunion Kondensationslokomotiven, bei denen – in Anlehnung an die Kondensatoren der Turbinenlokomotiven – der Dampf in den Tender zurückgeführt wurde, wo er unter Abkühlung zu Wasser kondensierte. Diese Lokomotiven waren besonders für den Einsatz in den Steppengebieten Mittelasiens unentbehrlich, weil mit ihnen etwa 1 000 km, also die im Vergleich zu den üblichen Lokomotiven 5fache Strecke, ohne Wasseraufnahme zurückgelegt werden konnten. Das Kondensationsprinzip ohne Turbine wurde in diesen Jahren teilweise auch in anderen Ländern genutzt, ab Anfang der vierziger Jahre auch bei den deutschen Lokomotiven der Baureihe 52.

Eine Besonderheit der großen amerikanischen Lokomotiven wie auch der Lokomotiven einiger anderer Län-

*Sowjetische Güterzuglokomotive der Achsanordnung G*

der war der sogenannte Booster, eine Hilfsdampfmaschine, die beim Anfahren bzw. bei Steigungen die Zugkraft erhöhte. Er trieb über ein Zahnradgetriebe die Schleppachse oder nachlaufende Drehgestelle, teilweise auch Tenderdrehgestelle an. Bei bestimmten Geschwindigkeiten wurde der Booster automatisch abgeschaltet.

Mit all diesen Verbesserungen erreichte die Dampflokomotive in den Jahren vor dem zweiten Weltkrieg hinsichtlich ihrer Leistungsfähigkeit einen Höhepunkt, der auf der ständigen Vervollkommnung der schon Ende des 19. Jahrhunderts abgerundeten Konstruktionsprinzipien basierte. Fortführende Arbeiten nach dem zweiten Weltkrieg brachten keine grundsätzlichen Veränderungen mehr. Sie waren von ihrem Umfang her ohnehin recht bescheiden, weil sich das Ende der Dampftraktion bereits deutlich abzeichnete. Eine »heroische Periode« der Eisenbahn ging damit zu Ende, die nicht allein von außerordentlicher ökonomischer Bedeutung war, sondern zugleich auch technische Spitzenleistungen hervorgebracht hatte.

# Vorteile durch elektrische Traktion

Die Entwicklung der Dampflokomotive war das Resultat zwingender ökonomischer Forderungen nach einem leistungsfähigen Massentransportmittel, das die vielseitigen Bedürfnisse der rasch expandierenden Wirtschaft des 19. Jahrhunderts abdecken konnte. Es entstanden Lokomotivbaufirmen, entweder von Anfang an spezialisiert oder in Verbindung mit dem allgemeinen Maschinenbau. Die elektrische Lokomotive hingegen wurde von der Elektroindustrie angeboten, die – in den ersten Jahrzehnten ihrer Existenz vorwiegend mit der Nutzung des Schwachstroms beschäftigt – neue Möglichkeiten zum Unternehmensausbau suchte. Die gewaltige Phalanx leistungsstarker Dampflokomotiven ließ sie jedoch zunächst nur dort vorstoßen, wo sich Lücken in der Versorgung durch Dampflokomotiven immer deutlicher markierten: im Nahverkehr sowie auf Tunnel- und Gebirgsstrecken. Da dort die elektrischen Triebfahrzeuge in der Mehrzahl der Fälle an die Stelle von Dampflokomotiven traten, entstand für die E-Lokomotiven von vornherein ein gewisser Leistungszwang, denn sie mußten in der Mehrzahl der Fälle stärker als ihre Vorgänger sein. Außerdem vollzog sich die konstruktive Entwicklung der elektrischen Triebfahrzeuge weit weniger konzentriert als die der Dampfloks, die anfangs durch England und später durch die USA, Deutschland und Frankreich geprägt worden waren. Für die E-Lok interessierten sich aus den genannten Gründen mehrere Länder, allerdings längere Zeit vorwiegend unter dem Aspekt der Ergänzung der Dampftraktion. Deshalb wurde an den elektrischen Lokomotiven auch längst nicht mit dem gleichen Nachdruck und im gleichen Umfange gearbeitet wie am ersten dampfgetriebenen Eisenbahntriebfahrzeug. Im Jahre 1913 fuhren erst etwa 100 E-Lokomotiven auf den Eisenbahnstrecken der Erde.

In den Jahren bis zum ersten Weltkrieg wurde die elektrische Traktion trotzdem versuchsweise bereits von den Eisenbahnen mehrerer Länder genutzt: in den USA, der Schweiz, in Deutschland, Frankreich, Italien, Österreich, Schweden und Norwegen. Mit wenigen Ausnahmen handelte es sich um die Elektrifizierung besonders schwieriger Streckenabschnitte. So wurde zum Beispiel 1903 in Frankreich die Strecke St. George de Commiers–La Mure (Isère) elektrifiziert, die auf einer Strecke von 31 km Steigungen bis zu 27 ‰ überwinden mußte. Im Jahre 1909 führte die amerikanische Great-Northern-Eisenbahn die elektrische Traktion auf dem 10 km langen Abschnitt über das Kaskadengebirge ein, der außerdem einen 4,2 km langen Tunnel umfaßte. Dort waren Züge bis zu 2 500 t Masse auf Steigungen bis zu 22 ‰ zu ziehen, Bedingungen, denen die Dampftraktion nur mit geringen Geschwindigkeiten entsprechen konnte. Auffällig zeigten sich die Vorteile der elektrischen Traktion auch beim 1906 eröffneten, fast 20 km langen Simplontunnel. Er wurde, entgegen der zunächst vorgesehenen Dampftraktion, vom Tage der Eröffnung an mit elektrischen Lokomotiven befahren, da die gefährliche Rauchentwicklung bei stärkerem Verkehr durch langjährige Erfahrungen mit dem Gotthardtunnel bewiesen war. Der längere Simplontunnel war noch schwerer zu belüften, außerdem stieg er zur Tunnelmitte hin an, so daß die Dampflokomotiven im Tunnel hätten geheizt werden müssen, um die nötige Dampfkraft zu bringen. Aufgrund dieser und den auf zwei anderen Schweizer Strecken gesammelten Erfahrungen bot es sich an, der elektrischen Traktion den Vorzug zu geben.

Eine gewisse Sonderstellung unter den ersten elektrifizierten Bahnen nahmen die des mitteldeutschen Raumes ein. Im Jahre 1911 wurde die Strecke Dessau-Bitterfeld in Betrieb genommen, der bis zum Beginn des ersten Weltkrieges die Verlängerung bis Leipzig (im Juni 1914 eröffnet) und Magdeburg sowie die Verbindung Leipzig-Halle folgten, die allerdings alle erst seit Anfang der zwanziger Jahre mit elektrischer Traktion befahren wurden. Hier handelte es sich – im Unterschied zu den Strecken in Bayern und dem damaligen Oberschlesien, die gleichfalls in jenen Jahren elektrifiziert wurden – um reine Flachlandbahnen, auf denen jedoch die Leistungsfähigkeit der elektrischen Traktion auf stark belasteten Strecken des mitteldeutschen Industriegebiets überprüft werden konnte.

In den Jahren des Versuchsbetriebes hatte man Vor- und Nachteile der verschiedenen Stromsysteme eingehend getestet. In der Anfangszeit stand für die elektrische Zugförderung nur Gleichstrom niedriger Spannung zur Verfügung. Er wurde einer einfachen einpoligen Fahrleitung entnommen, wobei die Fahrschienen als Rückleitung dienten. Die verwendeten Gleichstrommotoren wiesen eine für den Eisenbahnbetrieb sehr günstige Drehzahlcharakteristik auf. Da der Gleichstrom jedoch nicht transformierbar, also in seiner Spannung zu verändern ist, mußte die Drehzahl der Fahrmotoren zur Steigerung oder Verminderung der Fahrzeuggeschwindigkeit über zusätzliche komplizierte und aufwendige Einrichtungen erfolgen. Außerdem mußte generell mit niedrigen Spannungen gearbeitet werden, wodurch eine Elektrifizierung nur für kürzere, weniger belastete Strecken wie Straßenbahnen, Werkbahnen, Stadt- und Lokalbahnen möglich war. Dort allerdings bewährte sich die elektrische Traktion, die noch ständig verbessert wurde, außerordentlich gut. Für Fernbahnen hingegen war man auf die bereits erwähnten kürzeren Streckenabschnitte beschränkt. Eine Veränderung ergab sich durch die Nutzung des Drehstroms, was durch den Bau ortsfester Transformatoren möglich wurde. Indem elektrische Energie über Fernleitungen mit Hochspannung herangeführt werden konnte, wurde die Fahrdrahtspannung von der in den Motoren verarbeiteten Spannung unabhängig.

Der in den Triebfahrzeugen eingesetzte Drehstromasynchronmotor hatte mit seinem gleichmäßigen Drehmoment einen einfachen Aufbau und war ausgesprochen wartungsarm. Mit Drehstromtriebwagen wurden die ersten beeindruckenden Ergebnisse erzielt: 1903 erreichten zwei derartige Triebfahrzeuge auf der Militärbahn Zossen-Marienfelde eine Geschwindigkeit von 210,2 km/h. Sie wurde für elektrische Triebfahrzeuge erst im Jahre 1955 von einer französischen E-Lok überboten, die 331 km/h fuhr.

Alle damals namhaften Firmen der Elektroindustrie beteiligten sich um die Jahrhundertwende an den Versuchen mit Drehstromlokomotiven. Eine beachtliche Grundlage bildete dabei die 1902 begonnene Elektrifizierung der Strecken im italienischen Valtellina (Lecco-Colico-Sondrio und Colico-Chiavenna). Die ungarische Lokomotivbaufirma Ganz & Co. lieferte für diese Strecken Drehstromlokomotiven, die von dem ungarischen Ingenieur Kandó entwickelt worden waren. Von diesen Strecken ausgehend, entstand in den folgenden Jahren in Italien das einzige mit Drehstrom gespeiste Fernbahnnetz der Erde, das später allerdings auch schrittweise umgestellt wurde.

Die anderen Eisenbahnverwaltungen gaben die Entwicklungsarbeiten an der Drehstromtechnik bald auf, da sich im Endeffekt eine unzureichende Regelbarkeit der Motoren und vor allem erhebliche Nachteile durch die komplizierte Fahrleitungsanlage herausgestellt hatten. Das Drehstromsystem verlangte eine doppelpolige Fahrleitung, weil zumeist eine der drei Phasen des Drehstroms an die Schiene und die beiden anderen an voneinander isolierte Fahrleitungen gegeben werden mußten. (Bei den deutschen Versuchen waren dreipolige Leitungen genutzt worden.) Die Fahrleitungen wurden dadurch schwer und teuer, darüber hinaus machte die Isolierung besonders bei Weichen und Kreuzungen komplizierte Einrichtungen notwendig. Außerdem setzte die doppelpolige Fahrleitung die Fahrdrahtspannung herab, so daß die Vorteile des transformierbaren Drehstromes nur teilweise genutzt werden konnten.

Einen Ausweg bot der Einphasen-Wechselstrom, der gleichfalls transformierbar ist und deshalb Variationen in der Fahrdrahtspannung gestattet. Mit seiner einpoligen Fahrleitung ermöglichte er durch Veränderung der Motorspannung mit Hilfe eines Stufentransformators, der auf dem Triebfahrzeug angebracht werden konnte, eine günstige Geschwindigkeitsregelung. Probleme bereitete allerdings die Konstruktion eines geeigneten Motors, die im wesentlichen durch den Wechselstrommotor des Schweizer Behn-Eschenburg (1905) gelöst wurden. Allerdings war man auch danach noch gezwungen, mit möglichst niedrigen Frequenzen zu arbeiten. Daraus entstanden Unterschiede zur sonst üblichen Kraftstrom- und Lichtversorgung, für die höhere Frequenzen gewählt wurden, um die Maschinenmassen zu begrenzen und eine flimmerfreie Beleuchtung zu gewährleisten. Versuche, durch einen Kompromiß mit einer Frequenz von 25 Hz für beides annähernd gleich günstige Bedingungen zu schaffen, brachten nicht den erhofften Erfolg, so daß eine von der allgemeinen Versorgung abweichende niedrigere Frequenz für den Bahnstrom gewählt wurde. Die an der Elektrifizierung interessierten Eisenbahnverwaltungen der Schweiz, Österreichs, Preußens, Bayerns und Badens einigten sich 1912/13 über die Verwendung eines Einphasen-Wechselstroms mit einheitlicher Fahrdrahtspannung von 15 kV und einer Frequenz von $16\frac{2}{3}$ Hz. Diesem Abkommen schlossen sich Schweden und Norwegen an. Das erwies sich in der Zukunft als außerordentlich vorteilhaft, vor allem beim Übergang auf fremde Strecken. Allerdings ergaben sich aus diesem abweichenden Stromsystem Nachteile für die Eisenbahnen, da sie bahneigene Stromversorgungs- bzw. Umformanlagen bauen mußten, um ihre Energieversorgung zu sichern. Deshalb arbeiteten später nicht wenige Eisenbahnen mit Wechselstrom für Industriefrequenz (50 Hz) und Fahrdrahtspannungen von 15, 20 oder 25 kV. Eine landesweite Umstellung der Netze wäre jedoch zu aufwendig gewesen, so daß man bis heute auf sie verzichtete und stattdessen Mehrstromlokomotiven einsetzte, deren Bau durch die moderne Leistungselektronik möglich wurde.

Neben dem Wechselstrom wurde die Nutzung von Gleichstrom schon vor dem ersten Weltkrieg so weit verbessert, daß er bis heute für den Verkehr auf Stadtbahnen, Stadtschnellbahnen, Untergrundbahnen sowie auf Eisenbahnen in der Sowjetunion, in Polen, in der ČSSR, in Frankreich, Italien, Belgien und den Niederlanden eingesetzt werden konnte. Die konstruktiven Veränderungen am Gleichstrommotor sowie die Entwicklung der Umform- und Gleichrichtertechnik ermöglichten darüber hinaus bereits vor dem ersten Weltkrieg die Verwendung hochgespannten Gleichstroms für die elektrische Traktion, so daß sich drei Stromsysteme durchsetzten. Diese Systeme wiesen jeweils spezielle Vor- und Nachteile auf. Es zeigte sich jedoch, daß sie sich in Betrieb alle gleichermaßen gut bewährten:

- niederfrequenter Wechselstrom mit 15 kV Fahrdrahtspannung und einer Frequenz von 16⅔ Hz.
- Wechselstrom der Industriefrequenz mit Fahrdrahtspannungen von 15, 20 oder 25 kV.
- hochgespannter Gleichstrom mit Fahrdrahtspannungen von 1,5 bzw. 3 kV.

In den ersten zwei Jahrzehnten des elektrischen Betriebes auf regelspurigen Eisenbahnen waren mit dieser Traktionsart trotz mancher Rückschläge so gute Erfahrungen gesammelt worden, daß ihre Zukunftsträchtigkeit als erwiesen galt. Wenn auch die elektrischen Triebfahrzeuge noch längst nicht den konstruktiven Höchststand der Dampflokomotiven damaliger Zeit erreicht hatten, so zeichneten sich ihre wesentlichen Vorzüge doch schon deutlich ab, die in den zwanziger und dreißiger Jahren noch offensichtlicher werden sollten.

- Die E-Lokomotive muß die für die Fahrt erforderliche Energie nicht wie die Dampflokomotive selbst während der Fahrt erzeugen, sondern bezieht sie in praktisch unbegrenzter Menge aus dem Netz. Durch den Wegfall der Energieerzeugungsanlagen kann die E-Lokomotive bei gleicher Fahrzeugumgrenzung für eine wesentlich größere Leistung gebaut werden. Außerdem entfällt die erhebliche Belastung für das Mitführen von Kohle und Wasser, wodurch die tote Masse des Triebfahrzeuges verringert wird. Letztere verteilt sich bei den Dampflokomotiven auf die Lauf- und Tenderachsen und beträgt bei verschiedenen Baureihen im betriebsbereiten Zustand immerhin etwa 50 % der Gesamtmasse der Lokomotive.
- Infolge dieser Einsparungen vermindert sich bei den E-Lokomotiven die je Leistungseinheit aufzuwendende Masse (Tonnen im Verhältnis zur Dauerleistung in

kW) erheblich. Die Unterschiede zeigen sich gegenwärtig so:

| | | |
|---|---|---|
| Dampflok | 90 kg/kW | günstigste Werte |
| Diesellok | 35 kg/kW | |
| E-Lok | 20 kg/kW | |

- Die mögliche höhere Leistung und Überlastbarkeit der E-Lokomotive zeigt sich in beträchtlich steigender Anfahrbeschleunigung, größerer Bergfreudigkeit sowie höherer Reisegeschwindigkeit. Dadurch können im gebirgigen Gelände Vorspann- oder Schiebelok entfallen, und die Durchschnittsgeschwindigkeit auch des Güterverkehrs kann nachhaltig angehoben werden.
- Der Wirkungsgrad der Energieumwandlung ist bei der E-Lokomotive wesentlich höher als bei der Dampflokomotive, der Bedarf an Rohenergie demzufolge etwa fünfmal geringer. Stationäre Kraftwerke können außerdem auf der Basis örtlicher Ressourcen arbeiten und zum Beispiel Wasserkraft, aber auch Brennstoffe heizwertärmerer Qualität nutzen. Vor allem für kohlearme Gebiete, aber auch für solche, denen es an hochwertiger und energiereicher Steinkohle fehlt, ist deshalb die Energiegewinnung auf dem Wege über das Wärmekraftwerk weitaus ökonomischer. Sie erfolgt mit einem thermischen Wirkungsgrad von durchschnittlich etwa 25 bis 35 %, bei Wasserkraftwerken liegt der Gesamtwirkungsgrad sogar bei etwa 50 %.
- Bei den E-Lokomotiven können die täglichen Lokbehandlungszeiten im Vergleich zu denen der Dampflokomotiven beträchtlich reduziert und damit zugleich die Einsatzstunden im Zugförderungsdienst erhöht werden. Leistet die Dampflokomotive täglich etwa 10 Stunden Zugförderungsdienst und benötigt etwa 7 Stunden für die Pflege und Wartung sowie das Herstellen der Betriebsbereitschaft, erhöht sich die Einsatzzeit der E-Lokomotive auf durchschnittlich 18,5 Stunden täglich, während die Betriebspflege nur etwa 1 Stunde beansprucht. Dadurch kann gleichzeitig der Aktionsradius der Lokomotiven ohne Zwischenbehandlung steigen. Außerdem entfällt das bei den Dampflokomotiven oft zweimal pro Monat notwendige Auswaschen der Kessel, wodurch sich wiederum die

Einsatzzeit vergrößert. Im Endergebnis kommt die jeweilige Bahnverwaltung mit einer geringeren Anzahl eingesetzter Lokomotiven aus. Im allgemeinen rechnet man dabei mit einem Austauschfaktor zwischen Dampf- und E-Lokomotive von 2,2 bis 2,5:1.

- Auf diese Weise ermöglichen die E-Lokomotiven Rationalisierungseffekte hinsichtlich der Ausnutzung des Triebfahrzeug- und Wagenparks, vor allem durch die kürzeren Umlaufzeiten. Die Belastung des Netzes wird ebenso vermindert wie die Zahl des Lokomotivpersonals; denn unabhängig von ihrer Größe und Leistung verlangt die E-Lokomotive nur eine Arbeitskraft, wobei schon bald Sicherheitsvorkehrungen getroffen wurden, um bei plötzlichem Ausfall des Lokführers eine Zwangsbremsung einzuleiten.
- Die E-Lokomotiven können ohne Probleme gleich gut vorwärts und rückwärts fahren, deshalb kann bei ihrem Einsatz das zeitaufwendige Drehen der Lokomotive entfallen und die Züge können innerhalb kurzer Zeit wenden.

Diese beachtlichen Vorteile versprachen eine rasche Amortisation der nicht unerheblichen finanziellen Aufwendungen für die Lokomotiven sowie des Material- und Arbeitskräftebedarfs bei der Schaffung der erforderlichen infrastrukturellen Ausrüstung. Diese bestand nicht allein im Verlegen der Fahrdrahtleitungen, sondern auch im unbedingt erforderlichen Lichtraumprofil. Das bedeutete ein Anheben der Umgrenzungslinien bei Tunneln, Brükken, Bahnsteigüberdachungen und anderen ortsfesten Anlagen. Außerdem mußten im Bereich elektrifizierter Strecken alle Fernsprech- und Signalfreileitungen gegen die Induktionsfernwirkung des Fahrstroms geschützt werden. Das erforderte ein Verkabeln aller dieser Leitungen, wobei die Kabel noch besondere Schutzeinrichtungen erhalten mußten, um ohne Störungen arbeiten zu können. Auch die Anschaffungskosten der Triebfahrzeuge waren höher. Sie machten etwa das 1,5- bis 2fache der Dampflokomotiven aus. Darüber hinaus mußte das Heizungsproblem bei Reisezügen gelöst werden. Hatte die Dampflokomotive die Heizkörper der Reisezugwagen über ein Druckminderventil mit Naßdampf aus dem Lokomotivkessel versorgt, so mußte der Energiebedarf der elektrischen Widerstände der Heizkörper bei elektrischer Traktion aus dem Haupttransformator der E-Lokomotive gedeckt werden. Die Heizeinrichtungen der Wagen sowie die Versorgungsleitungen waren zu verändern. Nachteilig war schließlich auch, daß für einen plötzlich auftretenden Stromausfall sowie für den Rangierbetrieb immer Dampflokreserven bereit stehen mußten. Auf stark befahrenen Hauptstrecken überwogen dennoch die Vorteile, besonders dann, wenn sich ein Netzcharakter der elektrifizierten Strecken herausbildete.

In den zwanziger und dreißiger Jahren wurden deshalb die früher begonnenen Elektrifizierungsarbeiten zielstrebig fortgeführt. Stimulierend wirkte die sich verstärkende Konkurrenz des Kraftverkehrs, die die bisherige Monopolstellung der Eisenbahnen untergrub und diese zwang, ihren Verkehr qualitativ zu verbessern. Zu den Ländern, die schon vor dem Kriege erste Arbeiten zur Elektrifizierung durchgeführt hatten, gesellten sich zunächst Großbritannien, Indien, Japan, die UdSSR und Mexiko. Aber auch in Spanien, Portugal, Holland, Belgien, Australien sowie einigen anderen Ländern konnten einzelne Strekken auf elektrische Traktion umgestellt werden. Entsprechend dem Charakter ihres Eisenbahnnetzes konzentrierten sich die nordamerikanischen Eisenbahnen besonders auf die Möglichkeiten einer Elektrifizierung langer Hauptstrecken, während in den übrigen Ländern die Elektrifizierung von Bahnen in gebirgigem Gelände und stark befahrene Hauptstrecken mit schwerem Zugverkehr im Vordergrund standen.

So begannen zum Beispiel im Jahre 1920 die Chicago-, Milwaukee- and St. Paul-Railroad mit der Umstellung einer ihrer wichtigsten Strecken über die Rocky Mountains und Bitterroot Range auf elektrische Traktion mit einer Gesamtlänge von immerhin 1 056 km. Auch einige andere Eisenbahngesellschaften der USA elektrifizierten einzelne Strecken, die jedoch wesentlich kürzer waren als die erstgenannte. Die ausgedehnteste Elektrifizierung mit Netzcharakter betrieb die Pennsylvania Railroad, die schon 1904 die Long Island-Bahn und nach 1915 die Linie Philadelphia-Paoli sowie alle Haupt- und Nebenbahnen in und um Philadelphia umstellte. 1933 folgte die Hauptbahn New York-Philadelphia und 1936 die gesamte Verbindung nach Washington. Seit diesem Zeitpunkt ruhte die Elektrifizierung der Eisenbahnen in den USA weitestgehend. An ihre Stelle setzten die großen Automobil- und Erdölkonzerne die für ihre Gewinne wesentlich günstigere Dieseltraktion. Deshalb beträgt in den USA der Anteil der elektrifizierten Strecken am Gesamteisenbahnnetz gegenwärtig nur 1 %. Durch den starken ökonomischen Einfluß der USA zeigten sich Auswirkungen der Bevorzugung der Dieseltraktion auch auf die übrigen Staaten des amerikanischen Kontinents. Territorial so große amerikanische Staaten wie Kanada, Argentinien und Mexiko hatten noch um 1980 einen elektrifizierten Streckenanteil von 0 %. Brasilien erreichte lediglich 8 %, während zum Beispiel die Schweiz 99 %, Schweden 62 %, Italien 46 % und Japan 44 % aufwiesen.

Der statistische Wert von 0 % bedeutet allerdings nicht, daß die genannten Staaten überhaupt keine Bemühungen zur Elektrifizierung unternahmen; sie waren lediglich im Verhältnis recht bescheiden. Ein interessantes Projekt realisierte unter anderem die mexikanische Eisenbahngesellschaft. Schon 1924 ließ sie die 422 km lange Eisenbahnstrecke zwischen Mexico City und Vera Cruz elektrifizieren. Diese erreichte Höhen bis zu 2 536 m über dem Meeresspiegel und eine maximale Steigung von 52 ‰ bei starken Kurven und war damit für die elektrische Traktion besonders geeignet.

Die UdSSR, die aus dem zaristischen Erbe keine elektrifizierten Eisenbahnen übernommen hatte, begann mit dem Ausbau der elektrischen Traktion in der zweiten Hälfte der zwanziger Jahre. Zunächst wurden Vorortstrekken und schwierige Gebirgsabschnitte im Kaukasus umgestellt. Dazu gehörte 1932 der für Dampflokomotiven problematische Surampaß auf der Strecke Chaschuri-Sestafonie mit insgesamt 63 km Länge. Bis zum Jahre 1940 wuchs das elektrifizierte Streckennetz der sowjetischen Staatsbahnen auf etwa 3 000 km an. Ende 1982 war es mit rund 45 000 km das längste der Welt.

Im Gebiet der deutschen Eisenbahnen waren bis zum Ende der zwanziger Jahre drei voneinander getrennte elektrifizierte Netze im mitteldeutschen Raum, im damaligen Schlesien und in Süddeutschland entstanden. Der Schwerpunkt der deutschen Elektrifizierung lag in den zwanziger Jahren, in denen das elektrisch betriebene Netz im Vergleich zum Vorkriegsstand um das Vierfache wuchs, während es in dem Jahrzehnt von 1928 bis 1937 nur noch rund um die Hälfte zunahm. (1916 – nach Vollendung der letzten Vorkriegsprojekte – 338,5 km; 1928 – 1 318,1 km; 1937 – 2 012,5 km). Der Hauptgrund für das verminderte Tempo in den dreißiger Jahren lag in der ungenügenden Investitionsfähigkeit der Deutschen Reichsbahn-Gesellschaft; denn obgleich die Elektrifizierung allgemein wegen ihres erheblichen Arbeitskräfte- und auch Materialbedarfs als günstige »Notstandsarbeit« betrachtet wurde, war die Deutsche Reichsbahn-Gesellschaft auf Grund ihrer schwierigen Finanzsituation der durch die Krise bedingten chronischen Nichtauslastung ihrer Kapazitäten nicht imstande, entsprechende Aufträge zu erteilen. Der verzögerte konjunkturelle Aufschwung nach 1932, aber auch die faschistische Aufrüstung ließen die Elektrifizierung der deutschen Eisenbahnen auch in den dreißiger Jahren weit hinter den technischen Möglichkeiten zurückbleiben.

Die drei elektrifizierten Netze wiesen charakteristische Unterschiede hinsichtlich der energetischen Grundlagen auf. Während sie in Süddeutschland vorwiegend auf Wasserkraft beruhten, ging man in Mitteldeutschland von Braunkohle und in Schlesien von Steinkohle aus. Für die Bahnstromversorgung hatten die Deutsche Reichsbahn bzw. die Deutsche Reichsbahn-Gesellschaft eigene Anlagen aufgebaut, die mit der weiteren Elektrifizierung kontinuierlich ausgebaut wurden. Dabei wurde der Strombedarf zu 62 % aus Wasserkraftwerken, zu 6 % aus Wärmekraftwerken und zu 32 % aus sogenannten Umformerwerken, die die nötige Energie aus dem Landesnetz bezogen und in die benötigte Frequenz umformten, gedeckt.

Das Süddeutsche Netz war das am umfangreichsten elektrifizierte. Um seine ökonomische und betriebliche Wirksamkeit zu erhöhen, wurde 1935 eine auf vier Jahre Bauzeit projektierte Verbindung mit dem mitteldeutschen Netz vorgesehen. Die Strecke sollte Nürnberg mit dem Raum von Leipzig/Halle verbinden. Infolge der intensivierten Kriegsvorbereitungen und des Kriegsbeginns wurde sie jedoch erst 1942 vollendet. Ihre Wirksamkeit war durch die Kriegsereignisse stark eingeschränkt. Die ab 1937 geplante Elektrifizierung der Strecke Halle–Berlin konnte durch die Kriegsereignisse nicht realisiert werden. Dadurch kam die beabsichtigte durchgehende Verbindung Innsbruck–München–Berlin nicht zustande. Obgleich der Anteil der elektrifizierten Strecken am deutschen Eisenbahnnetz relativ gering blieb – er betrug 1928 2,3 % und 1937 3,5 % – wurden damit aufgrund der erwähnten Vorzüge der elektrischen Traktion doch beachtliche Leistungen erzielt, die allerdings in den Statistiken nicht getrennt ausgewiesen wurden.[1)]

Die auf den elektrifizierten Strecken eingesetzten Triebfahrzeuge durchliefen einige Entwicklungsetappen, bis sie so durchkonstruiert waren wie die Dampflokomotiven und in ihr »klassisches« Stadium eintraten. Es ist hier nicht möglich, die konstruktive Vervollkommnung der elektrischen Antriebe zu behandeln, die außerdem viele Gemeinsamkeiten mit den in der Industrie eingesetzten aufweist. Dagegen soll die Veränderung des mechanischen Teils der E-Lokomotiven kurz skizziert werden, da sie typische Besonderheiten aufwies.

In den Anfangsjahren folgte der mechanische Teil der E-Lokomotiven deutlich dem Vorbild der Dampflokomotiven; d. h., es entstanden Starr-Rahmenlokomotiven mit gekuppelten Achsen, einem Zentralmotor und Stangenantrieb. Diese Bauart dominierte bis in die zwanziger Jahre, obgleich sich schon bald deutlich zeigte, daß der Einzelachsantrieb weit vorteilhafter war, weil mit ihm die lästigen und gefährlichen Schüttelschwingungen des Stangenantriebs entfielen, die nicht selten zu Brüchen der Achswellen und Treibstangen führten.

Mit dem Einzelachsantrieb begann eine besondere konstruktive Entwicklung der elektrischen Starr-Rahmen-

1 Ende 1982 umfaßte das elektrifizierte Streckennetz der Deutschen Reichsbahn fast 2 000 km und damit rund 14 % des Gesamtnetzes, das der Deutschen Bundesbahn rund 11 200 km und damit 40 %.

lokomotive, die sich deutlich von der herkömmlichen Dampflokomotive unterschied. Sie wurde in den sogenannten Drehgestell-Lokomotiven noch weiter vervollkommnet, die sich seit den vierziger Jahren durchzusetzen begannen. Erstmalig verzichtete man bei diesen Triebfahrzeugen auf Laufachsen, die sowohl bei den E-Lokomotiven mit Stangenantrieb als auch bei den Dampflokomotiven dazu gedient hatten, einen Teil der Lokomotivmasse aufzunehmen und den Fahrzeuglauf, besonders den Bogenlauf, zu verbessern.

Die älteren elektrischen Lokomotiven mit Stangenantrieb hatten in der Regel vor und nach den angetriebenen Achsen eine oder mehrere Laufachsen, die nicht fest im Hauptrahmen gelagert, sondern in speziellen Lenk- oder Drehgestellen so angeordnet waren, daß sie sich radial einstellen konnten. Verwendet wurde besonders das schon von der Dampflokomotive her bekannte Bissel-Lenkgestell. Bei ihm wurde die Laufachse in einem eigenen Gestell gelagert, das mit Hilfe einer Deichsel um einen Drehzapfen, der im Hauptrahmen angebracht war, ausschwenken konnte. Solche oder andere Dreh- oder Lenkgestelle konnten auch zwei Laufachsen, eine Laufachse und eine Treibachse, aber auch zwei Treibachsen zusammenfassen. Bei den Drehgestell-Lokomotiven, die in größerer Zahl allerdings erst seit dem Ende der vierziger Jahre gebaut wurden, waren dagegen die Fahrmotoren und die von ihnen angetriebenen Radsätze in die Rahmen von zwei- oder dreiachsigen Triebdrehgestellen eingebaut. In der Regel wurden zwei, mitunter auch drei und mehr Triebdrehgestelle verbunden. Der Lokomotivkasten wurde bei den Drehgestell-Lokomotiven von den Drehgestellrahmen getrennt, aber gefedert auf sie gestützt. So konnte die Bogenläufigkeit verbessert werden.

Die Drehgestell-Lokomotiven ermöglichten weit größere Leistungen als die Starr-Rahmenlokomotiven, weil die Anzahl der angetriebenen Achsen erhöht werden konnte. Sie brachten deshalb den qualitativen Sprung zur modernen elektrischen Hochleistungslokomotive, der allerdings erst in die Zeit nach dem zweiten Weltkrieg fiel. Fortschritte im Fahrzeugbau, aber auch Fortschritte im Bau elektrischer Antriebe – besonders aufgrund der

Halbleitertechnik – gestatteten seit dieser Zeit außerdem bedeutend leichtere Konstruktionen, so daß bei den elektrischen Drehgestell-Lokomotiven auf Laufachsen verzichtet werden konnte. Das brachte besonders auch ökonomischen Nutzen im Lokomotivbau und bei den Eisenbahnen. Als »Urahn« dieser Maschinen gilt die von Brown, Boveri & Co. zusammen mit der Schweizerischen Lokomotiv- und Maschinenfabrik im Jahre 1944 in der Schweiz gebaute Lokomotive der Baureihe Ae 4/4 für die Bern-Lötschberg-Simplon-Bahn. Bei einer Geschwindigkeit von 75 km/h entwickelte sie eine Stundenleistung von 3 000 kW (4 000 PS). Ihre Höchstgeschwindigkeit lag bei 125 km/h, ihre Masse bei 80 t.

Bei der Konstruktion der äußeren Form der E-Lok wurde entweder der Kasten über die Gesamtlänge mit gleicher Höhe geführt – diese Form setzte sich in der Folgezeit durch – oder ein hoher mittlerer Teil und niedrige Seitenteile (mitunter als Bügeleisenform bezeichnet) angebracht. Generell wurde der Lokomotivkasten so aufgebaut, daß Teile von ihm, zum Beispiel das Dach oder die Seitenwände, für Reparaturarbeiten abgenommen werden konnten. In den folgenden Jahrzehnten wurde die Konstruktion des Kastens beträchtlich verändert: Die Seitenwände waren mit dem Rahmen und dem Dach fest verschweißt, um mit zum Tragen herangezogen werden zu können. Der obere Teil der Seitenwände des Maschinenraums wies Luftjalousien auf, durch die Kühlluft für den Transformator und die Fahrmotoren angesaugt werden konnte (im Sommer etwa 20 bis 25 $m^3/s$). Der Rahmen der E-Lokomotiven wurde entweder als feste Einheit oder bei Drehgestell-Lokomotiven geteilt gebaut; anfangs meist genietet oder gegossen, später im Interesse einer verringerten Masse geschweißt, so das Fahrzeugteil der 1935 in Dienst gestellten Schnellzuglokomotive E 18 der DRG. Generell wurde bei Lokomotiven mit Stangenantrieb ein Innenrahmen verwendet, während beim Einzelachsenantrieb ein Außenrahmen benutzt wurde, um die großen Fahrmotoren zwischen den Rädern unterbringen zu können. Das Triebwerk der E-Lokomotiven, das das Drehmoment des Motors auf eine oder mehrere miteinander gekuppelte Achsen überträgt, durchlief mehrere

Entwicklungsstufen. Im Unterschied zur Dampflokomotive, bei der hin- und hergehende Bewegungen in eine drehende umgewandelt werden mußten, war bei der E-Lokomotive die durch den Motor bereits gegebene Drehbewegung zu übertragen. Das erwies sich in der Praxis als problematisch, weil, vor allem bei schnellfahrenden Lokomotiven, hohe dynamische Anforderungen an das Triebwerk gestellt werden. Bei der ersten, von Siemens 1879 vorgestellten E-Lokomotive trieb der in Fahrtrichtung liegende Motor die Achsen über ein Kegelradgetriebe an. Später wurden die Fahrmotoren parallel zu den Achsen angeordnet, und die Verbindung durch Seile, Drahtwendeln und Ketten geschaffen. Auch das befriedigte nicht, und man versuchte es mit Stangenantrieben nach dem Vorbild der Dampflokomotive.

Beim einfachen Stangenantrieb wurden, um die Totpunktlage zu überwinden, die Kurbeln der beidseitig angeordneten Triebwerke um 90° gegeneinander versetzt. Bei einem großen Motor nutzte man eine sogenannte Blindwelle, die in der Höhe der Treibachsenmitten fest im Rahmen gelagert wurde. Die Treibstange verband die zwei Kurbelzapfen miteinander. Ein solcher Stangenantrieb mit Blindwelle wurde zum ersten Male für eine 2'B1'-Schnellzuglokomotive der Strecke Dessau-Bitterfeld genutzt. Außerdem waren die in den Jahren 1912 bis 1914 entwickelten deutschen Lokomotiven der Baureihen E 36, E 60[1] und E 62 mit diesem Antrieb ausgerüstet.[1]

1 Die Bezeichnung deutscher E-Lokomotiven erfolgt auf der Basis eines Nummerierungsschemas, das 1927 eingeführt wurde. Die Betriebsnummer einer E-Lokomotive besteht danach aus dem Buchstaben E, der Baureihen- und der Ordnungsnummer. Die Baureihengruppen wurden nach der Höchstgeschwindigkeit festgelegt:
E 00 bis 29 für Triebfahrzeuge mit V max >90 km/h–
E 30 bis 59 für Triebfahrzeuge mit V max >70 km/h <90 km/h
E 60 bis 99 für Triebfahrzeuge mit V max <70 km/h
Die Achsfolge wird analog zu den Dampflokomotiven bezeichnet, wobei einzeln angetriebene Achsen mit o gekennzeichnet werden; also beispielsweise zwei einzeln angetriebene Achsen mit Bo. Ein Pluszeichen zwischen den Buchstaben bedeutet, daß die beiden Drehgestelle beweglich verbunden sind.

Für E-Lokomotiven mit großer Leistung wurde ein Zweistangenantrieb verwendet, bei dem zwei Treibstangen am Motorkurbelzapfen angreifen. Sie bilden zusammen mit den Kuppelstangen zur Verbindung der angetriebenen Achsen ein Dreieck. Versuchsweise wurde der Stangenantrieb auch mit zwei Fahrmotoren genutzt, wobei die beiden Fahrmotoren über je eine Blindwelle auf eine gemeinsame Stangengruppe arbeiteten. Eine für die Strecke Dessau-Bitterfeld entwickelte leichte Personenzuglokomotive aus dem Jahre 1911, die später auch auf der 1913 eröffneten badischen Wiesen- und Wehratalbahn verkehrte, ist ein Beispiel für diese Art des Antriebs.

Außerdem wurde der Stangenantrieb mit einem Zahnrad-Vorgelege verbunden, wobei allerdings an die Stelle des Zentralmotors mehrere kleine schnellaufende Motoren traten. Beim Kuppelantrieb mit Vorgelege wurden die Treibräder durch waagerecht liegende Kuppelstangen über die Vorgelegewelle angetrieben, während beim sogenannten Schrägstangenantrieb die Treibstange schräg ausgeführt wurde. Ihre Gabelenden waren an die Kuppelstange angelenkt. Für leistungsfähigere Motoren und größere Vorgelegezahnräder war der Kurbelschleifen- bzw. Schlitzkuppelstangenantrieb üblich, bei dem die Zapfen der beiden Treibachsen auf jeder Seite durch eine dreieckförmige Kurbelschleife bzw. Schlitzkuppelstange verbunden waren. Mit allen Formen des Stangenantriebs konnte jedoch sein grundsätzliches Problem, die kritischen Schüttelschwingungen, nicht beseitigt werden. Trotzdem entstanden in den zwanziger Jahren noch relativ viele Lokomotiven mit Stangenantrieb, so für die deutschen Eisenbahnen, speziell für die schlesische Gebirgsbahn (Baureihen E 06, $06^1$, $50^3$ und $50^4$), aber auch für die Schweizer Eisenbahnen, die Versuchslokomotiven mit Stangenantrieb und mit Einzelachsantrieb testeten.

Eine weit bessere Lösung brachten die kleineren und schneller laufenden Gleichstrom- und Wechselstrommotoren der zwanziger Jahre. Mit ihnen konnte der Einzelachsantrieb vervollkommnet werden, der schon in den Anfangsjahren der elektrischen Zugförderung vor allem im Nahverkehr, in den USA jedoch auch für Triebfahrzeuge der Eisenbahnen genutzt worden war. Man verwen-

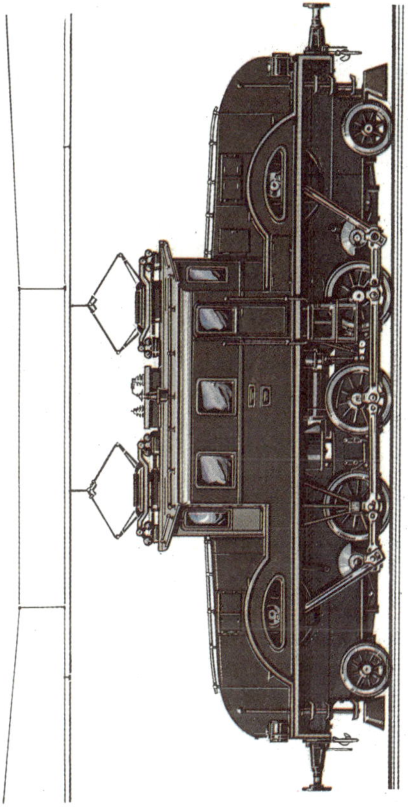

*E-Lok der Wiesen- und Wehratalbahn*

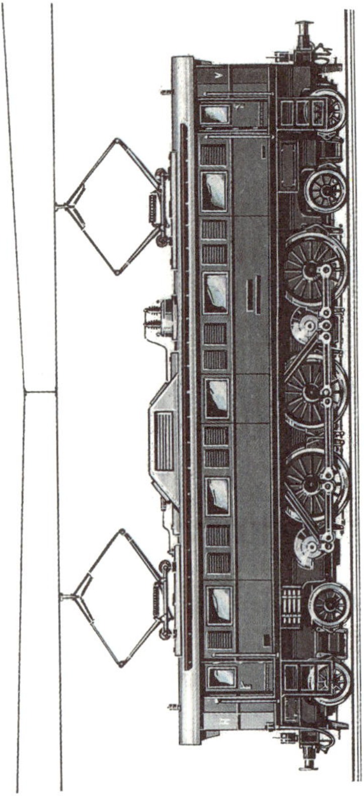

$E\ 06^{1}$

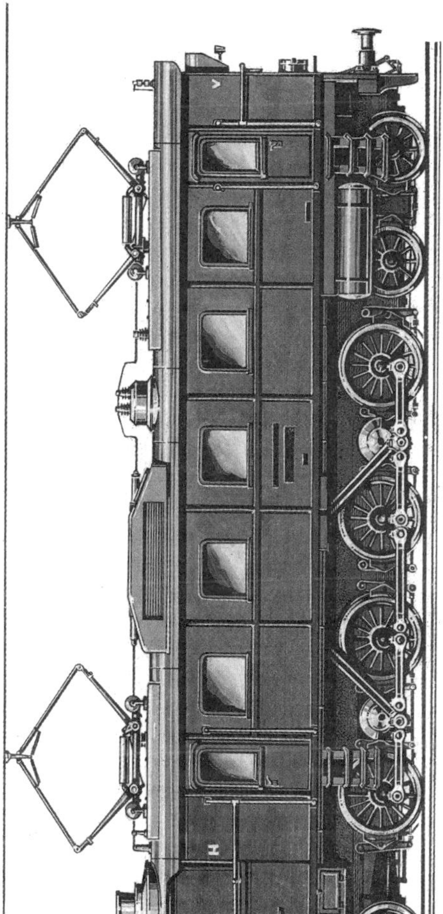

*E* $50^{3}$

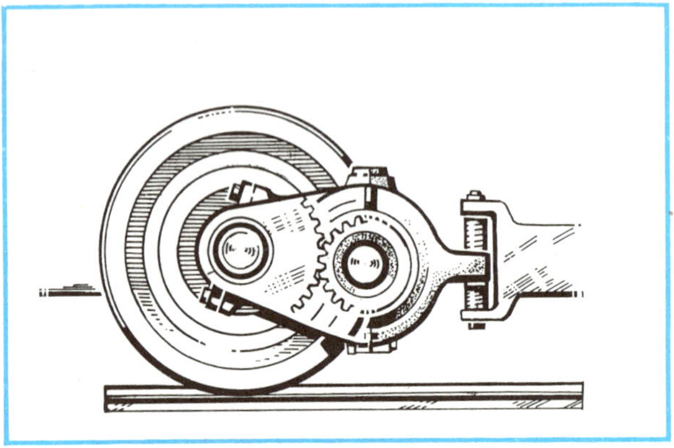

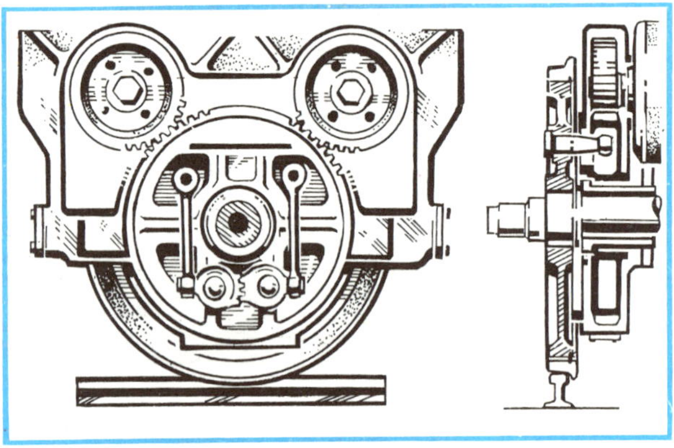

*Elektrolokomotiven-Antriebe. Tatzlagerantrieb (links oben); Federtopfantrieb (rechts oben); Buchli-Antrieb von Brown-Boveri (links unten); Westinghouse-Secheron-Federsternantrieb (rechts unten)*

dete dabei den annähernd waagerecht parallel zur Achse angeordneten Tatzlagermotor, der auf der einen Seite mit zwei angegossenen Tatzlagern auf der Treibachse auflag, während er auf der anderen Seite unter Zwischenschalten von Federn am Rahmen oder Drehgestellrahmen aufgehängt wurde. Antriebe durch Tatzlagermotoren setzte man in der Folgezeit nicht nur im städtischen Nahver-

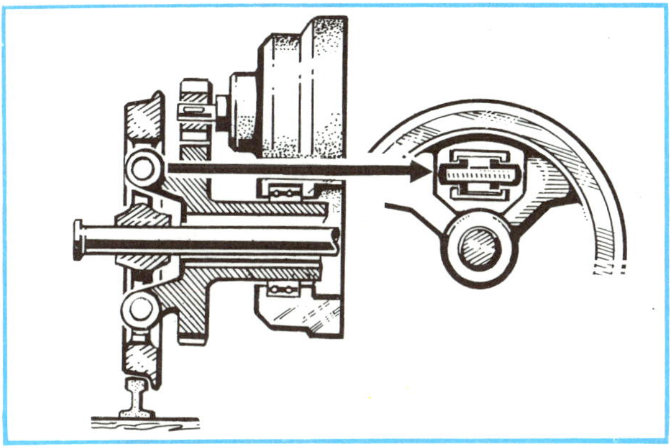

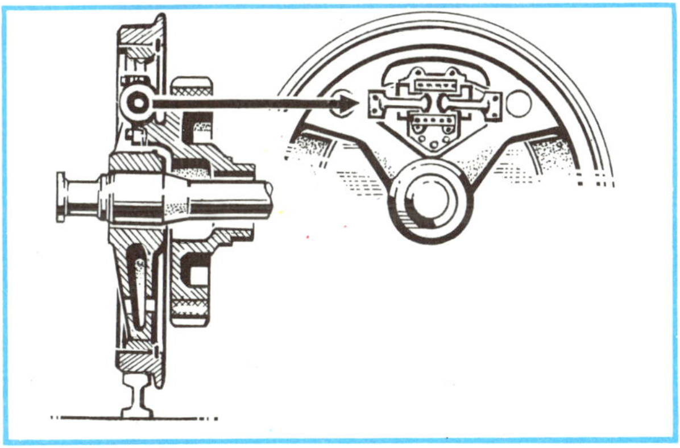

kehr, sondern auch vorzugsweise bei langsamlaufenden Lokomotiven ein. Der Einzelachsantrieb wurde kontinuierlich verbessert und damit leistungsfähiger gestaltet. In erster Linie mußten die Motoren gegenüber den unruhig laufenden Achsen abgefedert werden, um die Funktion der die Kraft übertragenden Zahnräder trotz unterschiedlicher Bewegung von Achse und Motor zu gewährleisten. Da der Tatzlagermotor nicht für alle Einsatzbereiche befriedigte, experimentierte man unter anderem mit dem amerikanischen Westinghouse-Federsternantrieb, bei dem das Zahnrad einen mehrarmigen

Stern trägt, mit dessen Hilfe die Kräfte über Rundfedern oder gefederte Zapfen auf die Räder übertragen wurden. Die Federn waren an einem Ende mit dem Zahnrad verbunden, das fest im Lokomotivrahmen saß, und mit dem anderen Ende am Triebrad befestigt. Der Westinghouse-Antrieb wurde in einigen Varianten verbessert; so durch Kleinow in Verbindung mit der AEG. Er brachte 1927 die Antriebsfedern, durch die das Drehmoment elastisch auf den Radsatz übertragen wird, in Federtöpfen unter. Andere Antriebsformen, wie der Alstholm-Gelenkwellenantrieb und der Gummiringfederantrieb, entstanden. Das Antriebsprinzip der Pariser Firma Alstholm beruhte auf früheren Arbeiten von Siemens & Halske. Es wurde 1933 wesentlich verbessert, indem man zum Übertragen des Drehmoments vom gefederten Motor zum ungefederten Radsatz eine Gelenkkupplung verwendete. Die Fahrmotoren lagerte man senkrecht über den Treibradsätzen im gefederten Lokomotivkasten. Jedes Motorgehäuse hatte im unteren Teil Lager für eine Hohlwelle, die die Achswelle mit einem allseitigen Spiel umgab. An jedem Ende trug sie ein großes Vorgelegezahnrad. Die Verbindung zwischen der gefederten Hohlwelle und dem ungefederten Radsatz stellten auf jeder Seite vier Lenkerstangen her. Mit einer Hohlwelle arbeitete übrigens auch der Gummiringfederantrieb.

Einen sehr eigenwilligen Einzelachsantrieb entwickelten Brown-Boveri & Co. mit dem Buchli-Antrieb (nach dem Schweizer Konstrukteur Jakob Buchli), der sich trotz seines komplizierten Aufbaus in der Praxis gut bewährte. Er wurde für Triebfahrzeuge mit hochliegenden Motoren genutzt und gewöhnlich als einseitiger Antrieb ausgeführt, bei dem das Vorgelege außerhalb der Treibräder und außerhalb des Rahmens saß. Der Buchli-Antrieb wurde besonders in der Schweiz, in Frankreich, aber auch in außereuropäischen Ländern verwendet, erstmals 1921 für Schweizer Lokomotiven. Die Deutsche Reichsbahn-Gesellschaft entschied sich, als sie für den schweren Schnellzugdienst auf den bayrischen Strecken E-Lokomotiven in Auftrag gab, für diesen Antrieb. Die ersten zehn wurden als Baureihe E 16 im Jahre 1926 in Dienst gestellt.

Seit 1938 wurden neben den Gelenk- und Federkupplungen auch Kardanantriebe genutzt, erstmalig von der Firma Brown, Boveri & Co. Beim Kardanantrieb werden zwei parallele Wellen, von denen eine in der Höhe verschiebbar ist, durch eine Kardanwelle verbunden. Dieser Antrieb wurde gleichfalls in verschiedenen Formen weiterentwickelt. Die günstigste Lösung konnte jedoch auch damit noch nicht gefunden werden. Das beweisen zahlreiche weitere Versuche nach dem zweiten Weltkrieg, die alle das Ziel verfolgten, die Kraftübertragung elektrischer Triebfahrzeuge zu verbessern. Richtungsweisende Arbeiten wurden dabei in erster Linie durch schweizerische und französische Firmen vollbracht.

Die elektrischen Lokomotiven, die zwischen den beiden Weltkriegen gebaut wurden, waren vielfältig nicht nur hinsichtlich ihrer unterschiedlichen Stromsysteme, sondern auch ihres mechanischen und elektrischen Teils. Um ihre betrieblichen Leistungen zu charakterisieren, seien einige typische Vertreter vorgestellt, in erster Linie die in Deutschland eingesetzten. Die Deutsche Reichsbahn bzw. Deutsche Reichsbahn-Gesellschaft beschafften in den zwanziger Jahren E-Lokomotiven für die verschiedenen Aufgabenbereiche, für Schnellzüge im Flachland (E 06), für Schnellzüge im Hügelland (E 16), für schwere Personenzüge (E 52), für leichte Personenzüge (E 32), für schwere Güterzüge (E 91), für den Rangierdienst (E 60) und den Nachschiebedienst (E 79). Sie waren zumeist mit schnellaufenden Gestellmotoren und Vorgelege zwischen Motor und Treibachse ausgerüstet, ein kleiner Teil mit Tatzlagermotoren. Der Stangenantrieb war bei diesen Baureihen nur noch bei der E 06 zu finden.

In den dreißiger Jahren folgte das Beschaffungsprogramm ähnlichen Gesichtspunkten. Für alle elektrifizierten Strecken der drei deutschen Netze wurden einheitliche Lokomotiven für den schweren und leichten Schnellzugdienst, für den Personen- und leichten Güterzugdienst sowie für den mittleren und schweren Güterzugdienst und den Rangierdienst in Auftrag gegeben. Bei diesen Lokomotiven dominierte der Einzelachsantrieb mit Gestellmotor, Hohlwelle und Federantrieb, aber auch der Tatzlagerantrieb wurde verwendet. Die Schnellzuglo-

*Leistungskennziffern von E-Lokomotiven der zwanziger Jahre*

| Baureihe | In Betrieb seit | Achsfolge | Stundenleistung[1] | Dauerleistung[2] | Höchst-geschwindigkeit |
|---|---|---|---|---|---|
| E 06 | 1925 | 2'C2' | 2780 kW (bei v = 67 km/h) | 2330 kW (bei v = 76 km/h) | 110 km/h |
| E 16 | 1926 | 1'Do1' | 2580 kW (bei v = 84,5 km/h) | 2400 kW (bei v = 88 km/h) | 120 km/h |
| E 52 | 1924 | 2'BB2' | 2200 kW (bei v = 62,5 km/h) | 1660 kW (bei v = 76,3 km/h | 90 km/h |
| E 32 | 1925 | 1'C1' | 1170 kW (bei v = 60 km/h) | 1010 kW (bei v = 64 km/h) | 75 km/h |
| (32 06–32 34) | | | | | |
| E 91 | 1925 | C'C' | 2200 kW (bei v = 39,2 km/h) | 1660 kW (bei v = 48 km/h | 55 km/h |
| E 60 | 1927 | 1'C | 1074 kW (bei v = 38 km/h) | 820 kW (bei v = 46 km/h) | 55 km/h |
| E 79 | 1927 | 2'D1' | 1480 kW (bei v = 45 km/h) | 1180 kW (bei v = 39–65 km/h) | 65 km/h |

1 Außer dem Motorvolumen begrenzt die maximal zulässige Erwärmung die Leistung des Bahnmotors. Die Stundenleistung muß – beginnend mit dem kalten Zustand – eine Stunde lang ohne Überschreiten der Grenztemperatur abgegeben werden können.

2 Die Dauerleistung muß beliebig lange im Normbereich der Temperatur abgegeben werden; sie liegt meist 5 bis 10 % unter der Stundenleistung.

komotiven der Baureihe E 18 (ab 1935 Achsfolge 1'Do1') waren für den schweren Schnellzugdienst vorgesehen. Sie sollten die bisherige Geschwindigkeitsgrenze für E-Lokomotiven von 120 km/h überschreiten. Die für die E 18 vorgesehene Höchstgeschwindigkeit von 150 km/h erforderte nicht nur bessere Bremseinrichtungen, sondern auch ein motorisch angetriebenes Schaltwerk, das den Lokführer von seiner bisherigen manuellen Arbeit entlastete und es ihm erlaubte, seine Aufmerksamkeit auf die Strecke zu konzentrieren. Die Lokomotiven der Baureihe E 18 hatten bei v = 117 km/h eine Stundenleistung von 3 040 kW und eine Dauerleistung bei v = 122 km/h von 2 840 kW. Noch günstiger lagen die Werte bei den Lokomotiven der Baureihe E 19 (Achsfolge 1'Do1'), die ab 1939/40 eingesetzt wurden. Sie erreichten eine Höchstgeschwindigkeit von 180 km/h, hatten bei 180 km/h eine Stundenleistung von 4 000 kW und bei gleicher Geschwindigkeit eine Dauerleistung von 3 720 kW. Kurzzeitig konnten sie an den Antriebswellen der Fahrmotoren eine Leistung von rund 6 000 kW abgeben. Sie repräsentierten mit die stärksten elektrischen Einrahmenlokomotiven; denn höhere Leistungen waren nur mit Drehgestell-Lokomotiven zu erreichen. In großen Stückzahlen (bis 1945 182 Stück) wurden ab 1932 Lokomotiven der Baureihe E 44 (Achsfolge Bo'Bo') gebaut, die für den Personen- und Güterzugdienst bestimmt waren und sich im Betrieb ebenso wie die Lokomotiven der Baureihe E 94 (Achsfolge Co'Co') für den schweren Güterzugdienst bewährten. Letztere wurden ab 1940 ausgeliefert und waren dazu bestimmt, auch schwierige Steilrampenstrecken zu bewältigen. Aufgrund ihrer Leistungsdaten wurde die E 94 als »Kriegselektrolok« auch während des Krieges für die militärische Verwendung weitergebaut. Ihre Höchstgeschwindigkeit lag bei 90 km/h; bei v = 68 km/h hatte sie eine Stundenleistung von 3 300 kW und bei v = 71 km/h eine Dauerleistung von 3 000kW. Die E 94 waren imstande, im flachen Gelände 2 000 t mit einer Geschwindigkeit von 85 km/h und bei Steigungen von 25 ‰ 600 t mit 50 km/h zu ziehen.

Die Leistungen dieser Lokomotiven konnten sich durchaus mit denen ausländischer messen. Von den zum

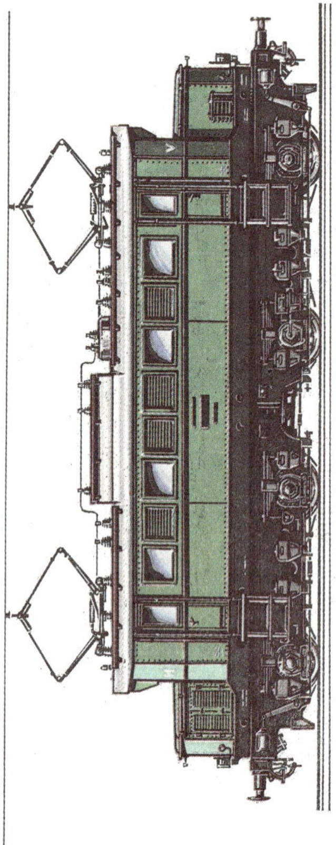

E 44

E 94

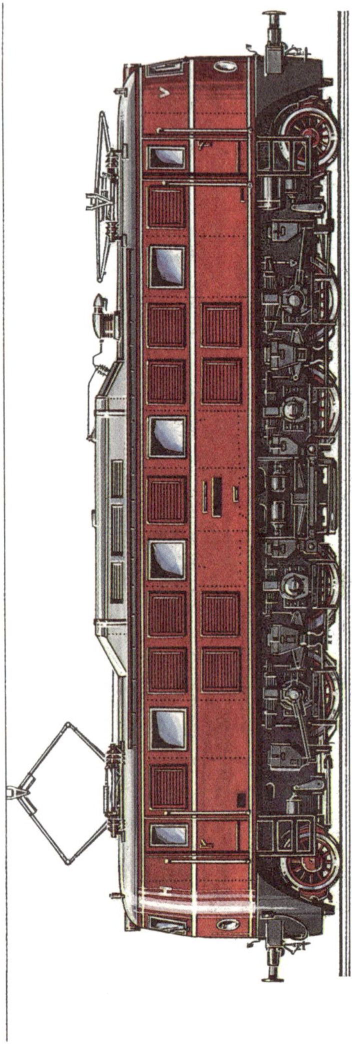

E 19

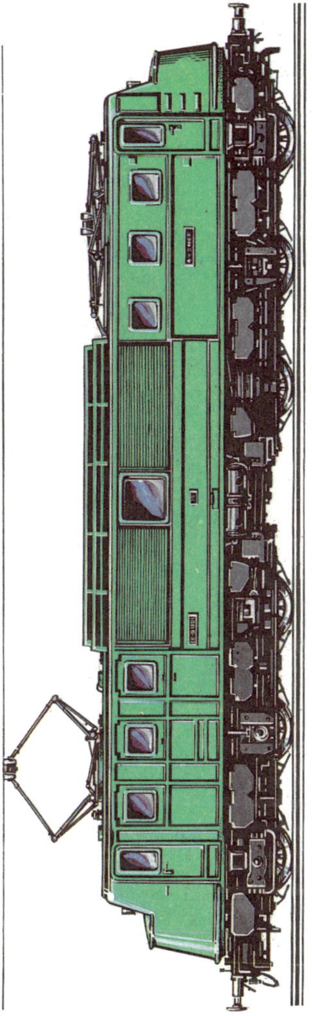

*Typische französische E-Lok*

*Typische US-amerikanische E-Lok der Pennsylvania-Eisenbahn*

Teil noch etwas stärkeren französischen E-Lokomotiven sei die Reihe 262 AE2 mit der Achsanordnung 2'C-C2' erwähnt, die ab 1930 für den Güterzug- und gemischten Betrieb gebaut wurde. Die Lokomotiven dieser Baureihe hatten eine Stundenleistung von 4 050 kW und erreichten eine Höchstgeschwindigkeit von 120 km/h. Auf Steigungen bis 15‰ zogen sie auf der Strecke Chambéry-St. Jean de Maurienne 800-t-Züge mit einer Geschwindigkeit von 85 km/h. Unter den Schnellzuglokomotiven bestachen besonders Lokomotiven der Baureihe 202-704 mit einer Leistung von etwa 3 715 kW, die einen 180-t-Zug mit 170 km/h beförderten. 1938 konnten bei Testfahrten sogar 190 km/h erreicht werden. Kurz vor Kriegsausbruch wurden für die früheren Paris-Orléans-Strecken neue 2'D 2'-Schnellzuglokomotiven in Dienst gestellt, die Dauerleistungen von 2 925 kW und eine Höchstgeschwindigkeit von 150 km/h erreichten.

Die amerikanische Chicago-, Milwaukee- and St. Paul-Railroad, deren schon erwähnte Gebirgsstrecke mit 3 000-V-Gleichstrom elektrifiziert worden war, setzte unter anderem Schnellzuglokomotiven der Achsanordnung 1'Bo Do + Do Bo 1' mit zwölf Motoren ein, die eine Stundenleistung von 2 955 kW und eine Dauerleistung von 2 337 kW erreichten. Ihre Höchstgeschwindigkeit lag bei 145 km/h. Für den gemischten Dienst standen Lokomotiven der Achsanordnung 2'Co 1' + 1'Co 2' zur Verfügung; ihre sechs Doppelmotoren brachten eine Stundenleistung von 3 440 kW bei einer Höchstgeschwindigkeit von 105 km/h.

Mit diesen Werten hatten die elektrischen Triebfahrzeuge Ende der dreißiger, Anfang der vierziger Jahre bereits beachtliche Leistungen erreicht, mit denen sie den meisten Dampflokomotiven überlegen waren, obgleich der qualitative Sprung zur modernen Hochleistungslokomotive erst im Zusammenhang mit den grundlegenden technischen Verbesserungen im Ergebnis der wissenschaftlich-technischen Revolution erfolgte. Diese Feststellung beweist einmal mehr, daß die Eisenbahn trotz ihrer langen Entwicklung noch längst nicht alle Möglichkeiten zur Leistungssteigerung erschöpft hatte; eine Feststellung, die bis heute nichts an Aktualität verloren hat.

# Diesellokomotiven und Schnelltriebwagen

Während die Dampflokomotive bis zum Ende des zweiten Weltkrieges ihren konstruktiven Höhepunkt erreicht hatte und auch die elektrischen Lokomotiven in ihre »klassische Periode« eingetreten waren, bewältigten die thermischen Triebfahrzeuge die erste Etappe ihres erfolgreichen Einsatzes im Eisenbahnbetrieb, und zwar vorzugsweise auf zwei Gebieten:

- als Kleinlokomotiven für den Verschiebe- und Rangierdienst sowie
- als Triebwagen für Haupt- und Nebenbahnen.

Lokomotiven für den Streckendienst wurden dagegen nur in verschwindend geringer Stückzahl gebaut. Sie befanden sich bis Anfang der fünfziger Jahre trotz einiger beachtlicher Erfolge insgesamt noch im Versuchsstadium.

Damit wiesen die mit Verbrennungsmotoren angetriebenen Triebfahrzeuge der Eisenbahn einen wesentlich längeren Entwicklungszeitraum auf als die elektrisch angetriebenen, deren Nutzung für den Schienenverkehr nur wenige Jahre früher begann, aber innerhalb von etwa vier Jahrzehnten einen Leistungsstand erreichte, der über dem der traditionellen Dampftraktion lag.

Der wesentlichste Grund für das langsamere Entwicklungstempo der thermischen Triebfahrzeuge war das für die spezifischen Aufgaben der Zugförderung ungünstige Betriebsverhalten des Verbrennungsmotors. Außerdem kann er unter Last nicht anfahren. Jeder Verbrennungsmotor muß mit einer bestimmten Mindestdrehzahl laufen, um Leistung abgeben zu können. Er braucht also zusätzliche Einrichtungen, um das Drehmoment des bereits laufenden Motors zu wandeln und auf die stillstehenden

Triebachsen des Fahrzeuges zu übertragen. Das aber stellte sich als das kritische Problem heraus. Da bei der Eisenbahn erhebliche Massen zu bewegen sind, mußten Kraftübertragungsanlagen gebaut werden, die diesen Anforderungen gerecht wurden. Nicht allein die Triebachsen mußten in Bewegung gesetzt, sondern auch das vom Verbrennungsmotor angebotene Drehmoment und seine Leistung den jeweiligen betrieblichen Bedürfnissen angepaßt werden. Dabei waren außerdem der begrenzte Raum und die zulässige Achsmasse der Triebfahrzeuge zu berücksichtigen. Im Verlaufe der Entwicklung wurden verschiedene Möglichkeiten der Kraftübertragung getestet: die mechanische, die hydraulische und die elektrische. Man versuchte aber auch, mit Druckluft arbeitende, sogenannte pneumatische Kraftübertragungsanlagen zu entwickeln, die sich jedoch aufgrund ihrer ungünstigen Wirkungsgrade nicht behaupten konnten. Ihr Einsatz in solchen Fahrzeugen, in denen die Dieselmotoren direkt auf die Triebachsen arbeiteten und die pneumatische Kraftübertragung lediglich zum Anfahren genutzt wurde, befriedigte ebenfalls auf die Dauer nicht. Dagegen konnten mit den zuerst genannten Formen der Kraftübertragung praktische Erfolge erreicht werden.

Die mechanische Kraftübertragung ist annähernd identisch mit den mechanischen Schaltgetrieben der Kraftfahrzeuge. Sie benutzt lösbare Kupplungen, die mechanisch, elektromagnetisch, pneumatisch oder ölhydraulisch geschaltet werden, und im Anschluß ein Wechselgetriebe.

Die hydraulische Kraftübertragung kann sowohl nach der hydrostatischen als auch der hydrodynamischen Drehmomentwandlung erfolgen. Die hydrostatische Form arbeitet mit hydraulischen, druckerzeugenden Ölpumpen und Öldruckmotoren, die an die jeweiligen Drehzahlen der Antriebsmaschine und der Triebachsen angepaßt werden. Ihre sehr günstige stufenlose Regelung hat bei höheren Leistungen den Nachteil steigender Abmessungen, Masse und Kosten. Außerdem ist der Regelbereich beschränkt. Diese Form der Kraftübertragung wurde deshalb bevorzugt bei Rangier- und Kleinlokomotiven geringerer Leistung eingesetzt.

Die hydrodynamische Kraftübertragung arbeitet mit hydraulischen Kupplungen und erreicht bei geringem Schlupf einen Wirkungsgrad bis zu 98 %, garantiert allerdings keine brauchbare Drehmomentwandlung. Deshalb werden überall dort, wo bei großen und mittleren Leistungen das Schalten ohne Zugkraftunterbrechung erfolgen soll, vollhydraulische Getriebe vorgesehen.

Die mit elektrischen Generatoren und elektrischen Fahrmotoren arbeitende elektrische Kraftübertragung gleicht in ihrem Wirkungsgrad der hydrodynamischen. Hinsichtlich ihrer Regelbarkeit ist sie mitunter den hydraulischen Anlagen sogar überlegen. Allerdings ist das Anfahrverhalten, besonders bei einer größeren Zugmasse, meist ungünstiger. Auch bei dieser Form der Kraftübertragung experimentierte man deshalb in verschiedene Richtungen.

Die außerordentlichen Schwierigkeiten bei der konstruktiven Entwicklung geeigneter Kraftübertragungsanlagen – besonders das anfängliche Fehlen der Gelenkwelle zur Drehmomentübertragung – hinderten den Einsatz von thermischen Triebfahrzeugen erheblich und beschränkten ihn in der Zeit zwischen den beiden Weltkriegen auf einige Einsatzgebiete. Schon im Anfangsstadium hatte sich das Problem in aller Deutlichkeit gezeigt. Deshalb konzentrierten sich die vor der Jahrhundertwende in Deutschland, Großbritannien und den USA durchgeführten Versuche auf leichte Fahrzeuge, vorwiegend auf Triebwagen, aber auch auf Kleinlokomotiven, die in Gruben und auf Werkbahnen sowie Feldbahnen eingesetzt waren.

Nach der Jahrhundertwende wurden zunächst die Triebwagen mit Verbrennungsmotor in den unterschiedlichsten Bauformen verbreitet und von einigen deutschen Länderbahnen, von Bahnen in den USA, der Schweiz, in Großbritannien, Frankreich, Rußland, Rumänien, Südafrika, Indien und Australien versuchsweise genutzt. Trotz aller technischen »Kinderkrankheiten« bewährten sie sich vor allem zur Deckung eines geringen Personenverkehrsbedarfs auf Nebenstrecken. Man setzte dabei überwiegend Benzin- und Benzolmotoren ein. Erstmalig wurde im Jahre 1912 in Schweden ein Dieseltriebwagen gebaut und in Betrieb genommen, nachdem das Masse/Leistungsverhältnis des Dieselmotors günstiger gestaltet werden konnte. Dieser Wagen hatte, ebenso wie die preußischen Dieseltriebwagen, die ein Jahr später gebaut wurden, und die gleichfalls 1913 in Dienst gestellten Triebwagen der sächsischen Staatsbahnen, eine elektrische Kraftübertragung. In den Jahren nach 1900 wurden neben den Triebwagen in relativ großer Zahl Kleinlokomotiven hergestellt. Bis 1916 hatte allein die Deutzer Gasmotorenfabrik 2000 Motorlokomotiven produziert. Sie wurden – wie die anderen, vorwiegend vom Motorenbau hergestellten Kleinlokomotiven – ausschließlich auf Gruben- und Werkbahnen eingesetzt.

Die erste Streckenlokomotive für die preußische Eisenbahn entstand im Jahre 1912 in Gemeinschaftsarbeit der Firmen Borsig, Berlin, und Sulzer, Winterthur (Schweiz). Sie besaß einen 883-kW- (1200 PS) Dieselmotor mit einer direkten Kupplung zwischen Kurbelwelle und Treibrädern, d. h., der Motor arbeitete direkt auf die Triebachsen. Das Anfahren erfolgte mit Druckluft, die durch einen Hilfsdieselmotor mit 184 kW (250 PS) erzeugt und in Stahlflaschen gespeichert wurde. Schon bei den Versuchsfahrten in der Schweiz zeigten sich die zu kleinen Dimensionen der Kühlanlage. Nach verschiedenen Veränderungen wurde die Lokomotive nach Berlin überführt, wobei sie unterwegs über eine bestimmte Strecke einen Eilgüterzug mit einer Geschwindigkeit von etwa 70 km/h zog. Bei den folgenden Testfahrten ergaben sich jedoch noch weitere Probleme, die hauptsächlich auf Mängel in der Kraftübertragung zurückzuführen waren. Zum Beispiel reichte im Personenzugdienst die Anlaßluft für das oftmalige Anfahren nicht aus, so daß die Versuche nach dem Riß eines Motorzylinders abgebrochen werden mußten und infolge des Krieges auch nicht wieder aufgenommen wurden. Im eigentlichen Betriebsdienst kam diese erste Diesellokomotive deshalb nicht zum Einsatz, sie wurde später verschrottet.

Die Reduzierung des planmäßigen Personenverkehrs auf den Nebenstrecken und der Kraftstoffmangel während des ersten Weltkrieges bewirkten, daß die kleinen Triebwageneinheiten aus dem Verkehr gezogen wurden.

Sie waren nach Kriegsende kaum noch brauchbar, weil die in der Zwischenzeit erfolgte Verbesserung der Fahrzeugmotoren eine erneute Inbetriebnahme in der Regel als nicht lohnenswert erscheinen ließ. Gleichzeitig ergab sich jedoch gerade aus der Weiterentwicklung der Kraftfahrzeugtechnik ein Anreiz für den Bau neuer Eisenbahntriebfahrzeuge mit Verbrennungsmotoren. Der beginnende und sich immer mehr vertiefende Konkurrenzkampf zwischen Kraftverkehr und Eisenbahn zwang zur Rationalisierung des Betriebs und zur Leistungsverbesserung sowohl im Gütertransport als auch in der Personenbeförderung. Vor allem im Nebenstreckendienst und auf den schwächer frequentierten Strecken wurde der Konkurrenzdruck des Kraftverkehrs spürbar, der sich mit seiner Unabhängigkeit von der Schiene, seiner im allgemeinen höheren Geschwindigkeit, seinem Haus-Haus-Verkehr und seinen weit kleineren Beförderungseinheiten dem geringeren Beförderungsaufkommen in ländlichen Gebieten viel flexibler anpassen konnte. Die Verkehrskunden waren nur durch einen qualitativ verbesserten Eisenbahnverkehr der Schiene zurückzugewinnen.

In den ersten Jahren nach Kriegsende waren bei den deutschen Eisenbahnen noch vorhandene Triebwagen auf dem Nebenstreckennetz eingesetzt worden, weil der akute Kohlenmangel zu erheblichen Betriebseinschränkungen selbst auf den Hauptstrecken geführt hatte. Von den 188 noch vorhandenen Triebwagen entfielen jedoch nur 22 auf solche mit Verbrennungs- (meist Benzol-)motor. Der überwiegende Teil waren Triebwagen mit Akkumulator, die, da sie sich im Vorkriegsbetrieb recht gut bewährt hatten, in den Jahren nach dem Kriege weiter entwickelt wurden, wobei verbesserte Batterien ihre Verkehrsqualität erhöhten. Aber auch an neuen Verbrennungstriebwagen wurde gearbeitet. Mehrere deutsche Industriebetriebe einschlägiger Wirtschaftszweige interessierten sich für sie, weil die Beendigung der Kriegsproduktion und die Nachkriegskrisenerscheinungen der Wirtschaft sie veranlaßten, sich neue Absatzmöglichkeiten zu erschließen. Die Eisenbahnen hatten wegen ihres großen Ausrüstungsbedarfs als Kunden der Industrie schon immer eine beachtliche Rolle für die wirtschaftli-

*Deutscher Dieseltriebwagen der zwanziger Jahre*

che Entwicklung gespielt. Nun sollten sie in dieser für beide Seiten schwierigen Situation Marktlücken schließen. Die Industrie erhoffte sich auch berechtigte Außenhandelschancen, denn die in Deutschland besonders stark ausgeprägte Inflation jener Jahre gestattete einen für den ausländischen Kunden günstigen Verkaufspreis und brachte außerdem zugleich Deviseneinnahmen, die nicht der Geldentwertung unterworfen waren. Aus dieser spezifischen Situation resultierten breit angelegte Versuche zur Schaffung neuer Triebwagen mit Verbrennungsmotoren, die den deutschen Eisenbahnen eine führende Position in Europa sicherten. Im Interesse eines geringen zeitlichen und finanziellen Aufwandes wurden dabei zumeist vorhandene Motoren und erprobte Getriebe benutzt. Deshalb blieb man zwangsläufig bei Leistungen von etwa 75 kW (100 PS), vereinzelt von 90 kW (120 PS), die nur für kleinere, zweiachsige Triebwagen ausreichend waren. Auch die wenigen vierachsigen Wagen, die meist mit zwei Antriebsanlagen ausgerüstet waren, bedeuteten noch keinen qualitativen Sprung.

In den meisten Fällen handelte es sich bei den Verbrennungsmotoren um Benzolmotoren, die im Aufbau und in der Handhabung zwar recht einfach waren, aber ziemlich hohe Kraftstoffkosten verursachten. Die Kraftübertragung erfolgte häufig mechanisch, durch Fortschritte im Bau von Rädergetrieben ermöglicht. Zur Regulierung der Fahrgeschwindigkeit dienten – wie beim Kraftfahrzeug – Zahnradpaare (meist vier Gänge), während die Änderung der Fahrtrichtung durch ein Wendegetriebe erfolgte. Das Schalten der einzelnen Gänge wurde durch Kupplungen bewerkstelligt, die meist mit Drucköl oder mit Preßluft bzw. magnetisch arbeiteten. Die maximale Geschwindigkeit dieser Fahrzeuge lag zwischen 40 und 75 km/h; sie faßten zwischen 42 und 88 Personen (Sitz- und Stehplätze). Die Innenausstattung bestand zumeist aus mehreren großen Abteilen mit hölzernen Querbänken.

Die hohen Kraftstoffkosten der Benzolmotoren mußten die Entwicklung des Dieselmotors begünstigen, der mit billigerem und außerdem weniger feuergefährlichem Schweröl betrieben werden konnte. Darüber hinaus hatten die Dieselmotoren einen geringeren Kraftstoffverbrauch. Lag er bei den Benzin/Benzolfahrzeugen damals bei etwa 280 bis 300 g/PSh, verbrauchten die Dieseltriebwagen nur etwa 180 bis 200 g/PSh. Hinzu kamen die während des Krieges beim forcierten Bau schwerer Dieselmotoren, zum Beispiel für U-Boote, gewonnenen Erfahrungen mit diesem Antrieb. Anfang der zwanziger Jahre wurde der Einsatz des Dieselmotors jedoch noch immer durch seine verhältnismäßig niedrige Drehzahl, die dadurch bedingte größere Masse und die Notwendigkeit des Kompressoreinsatzes zum Aufladen der Dieselmotoren verhindert. Im Jahre 1924, nachdem der Maybach-Motorenbau GmbH einen 105-kW-(140 PS) Dieselmotor entwickelt hatte, der selbst bei 1 300 U/min noch eine gute Verbrennung des Rohöls aufwies, wurde von der EVA (Eisenbahn-Verkehrsmittel AG) ein richtungweisender Dieseltriebwagen mit einem derartigen Motor vorgestellt. Er arbeitete zwar gleichfalls noch mit Kompressor, zeigte aber ein so günstiges Betriebsverhalten, daß schon damals deutlich wurde, daß der sich anbahnende Bau kompressorloser Dieselmotoren das Ende der Benzin/Benzoltriebwagen bedeuten mußte.

Die Anfang der zwanziger Jahre in Deutschland in den verschiedensten Varianten hergestellten Triebwagen wurden nicht allein auf dem Binnenmarkt – bevorzugt an deutsche Kleinbahnen – abgesetzt, sondern auch nach Schweden, Norwegen, Holland, aber auch in die Sowjetunion exportiert. Im Jahre 1925 systematisierte die Deutsche Reichsbahn-Gesellschaft die Entwicklung der Triebwagen. Das Lokomotiv-Versuchsamt testete das erste Exemplar jeder Bauart entsprechend den betrieblichen Bedingungen der Eisenbahn. Dadurch wurden einerseits die Zusammenarbeit zwischen der Deutschen Reichsbahn-Gesellschaft und der Industrie enger gestaltet, andererseits gezielte Forschungsarbeiten zur ständigen Verbesserung der Leistungsparameter betrieben. Im Ergebnis dieser gemeinsamen Bemühungen zeigten Ende der zwanziger und Anfang der dreißiger Jahre die zwei- und vierachsigen Triebwagen der Deutschen Reichsbahn-Gesellschaft Motorleistungen zwischen 56 kW (75 PS) und 124 kW (165 PS). Das Platzangebot lag zwischen 60 und

160, die spezifische Leistung war seit Mitte der zwanziger Jahre von minimal 2 kW/t (2,7 PS/t) auf maximal 4,6 kW/t (6,2 PS/t) angestiegen.

Nach wie vor wurden diese Triebwagen auch exportiert. Die gezielten Entwicklungsarbeiten der einschlägigen deutschen Industrie hatten ihr auf diesem Gebiet zweifellos eine günstige Position geschaffen. Da die Triebwagen mit Verbrennungsmotor – wie die Triebwagen überhaupt – nicht in so großen Serien gebaut wurden wie die Lokomotiven, weil der Bedarf an ihnen meist weit geringer war, lohnten sich für die ausländischen Firmen die eigenen Entwicklungsarbeiten in der Regel nicht, so daß die deutschen Firmen den größten Teil vor allem des europäischen Bedarfs deckten.

Die bisher erwähnten Triebwagen wurden – bedingt durch ihre Leistungskriterien – ausschließlich für Nebenbahnen eingesetzt. Dort bewährten sie sich – auch unter dem Gesichtspunkt des Konkurrenzkampfes mit dem Kraftverkehr – so gut, daß Ende der zwanziger, Anfang der dreißiger Jahre der Entschluß reifte, schwerere Ausführungen von Triebfahrzeugen auch auf den Hauptbahnen einzusetzen. Dort war unter dem Druck der Weltwirtschaftskrise und der Abwanderung von Gütern und Personen zum Kraftverkehr gleichfalls die Notwendigkeit einer besseren Anpassung an das verminderte Verkehrsaufkommen bzw. einer neuen Beförderungsqualität gegeben.

Der Bau von Dieseltriebwagen mit erhöhter Leistung war möglich geworden, nachdem seit 1930 ein Zwölfzylinder-Dieselmotor der Maybach-Motorenbau GmbH mit 302 kW (410 PS) zur Verfügung stand und in der Folgezeit von anderen Firmen (MAN, Daimler-Benz) gleichstarke bzw. stärkere Dieselmotoren (bis 478 kW – 650 PS – teilweise mit Aufladung) zur Verfügung standen. Sie arbeiteten mit elektrischer Kraftübertragung, die jedoch schon bald durch die hydraulische ergänzt wurde. Letztere wurde vor allem mit den Voith-Getrieben so überzeugend verbessert, daß sie ab 1936 die elektrische Kraftübertragung bei neugebauten Dieseltriebwagen völlig verdrängten.

Die Versuchsmuster der Dieseltriebwagen für den Verkehr auf Hauptbahnen wurden gründlich erprobt. Sie bildeten den Ausgangspunkt weiterentwickelter Bauarten, die in den dreißiger Jahren in großem Umfange in Betrieb genommen wurden. Bis zum Ausbruch des zweiten Weltkrieges lieferte die deutsche Industrie mehr als 500 verschiedene Typen in kleinsten Stückzahlen für den Eigenbedarf sowie den Export. Je nach der erforderlichen Beförderungsleistung wurden sie entweder als Einzelfahrzeug oder gekuppelt mit Steuerwagen gebaut. Die Steuerwagen hatten neben dem Fahrgastraum einen Führerstand; sie fuhren an der Spitze des Zuges. Durch Stirnwandtüren im Trieb- und Steuerwagen war ein Übergang zwischen beiden möglich.

Die Triebwagen der dreißiger Jahre waren vierachsig und auf den Hauptbahnen und teilweise auch auf den Nebenbahnen in 2. und 3. Klasse unterteilt. Außerdem verfügten sie in der Regel über ein Gepäck- und Postabteil sowie eine Toilette. Sie beförderten zwischen 56 und 80 Fahrgäste, die mit ihnen verbundenen Steuerwagen boten weitere 71 bzw. 81 Sitzplätze. Die von der Deutschen Reichsbahn-Gesellschaft vorgeschriebene maximale Geschwindigkeit für Triebwagen betrug bei Hauptbahnen 110 km/h, bei Nebenbahnen 90 km/h.

Eine besondere Stellung nahmen die Gütertriebwagen ein, die seit Ende der zwanziger Jahre fuhren. Im Zuge ihrer Betriebsrationalisierung und des Konkurrenzkampfes mit dem Kraftverkehr hatte die Deutsche Reichsbahn-Gesellschaft 1927 begonnen, sogenannte Leichte Güterzüge (abgekürzt als LEIG-Einheiten bezeichnet) anzubieten. Es handelte sich dabei um zwei kurz gekuppelte gedeckte Güterwagen, deren einander zugewandte Stirnwände entfernt wurden, so daß mit Hilfe eines Faltenbalges ein großer Laderaum entstand. Die LEIG wurden durch Dampflokomotiven gezogen und hatten eine maximale Geschwindigkeit von 75 km/h. Im Vergleich mit diesen lokbespannten Zügen versprachen die größere Anfahrbeschleunigung und Bremsverzögerung der Triebwagen noch erheblich mehr Vorteile. Sie wurden deshalb in der Folgezeit in wachsender Zahl angeschafft. Der sich durchsetzende Leichtbau und stärkere Motoren ließen eine höhere Tragfähigkeit zu (von 15 auf 25 t).

Einen Höhepunkt der Triebwagenentwicklung bildeten zweifellos die Schnelltriebwagen der dreißiger Jahre, die schon damals, verstärkt aber nach dem zweiten Weltkrieg, im nationalen und internationalen Eisenbahnverkehr eine bedeutende Rolle spielten. Ausgangspunkt dieser Entwicklung waren die Arbeiten der 1924 gegründeten »Gesellschaft für Verkehrstechnik«, die wesentlich durch die Bemühungen der Ingenieure Kruckenberg und Stedefeld getragen wurden. Sie strebten eine Geschwindigkeitssteigerung der Eisenbahn auf 200 bis 300 km/h an, die durch leichte, stromlinienförmige Fahrzeuge auf traditionellem Eisenbahnoberbau, allerdings mit lückenlos verschweißtem Gleis, realisiert werden sollte. Nachdem zunächst eine propellergetriebene Hängeschnellbahn ins Auge gefaßt worden war, entschied man sich für ein Schienenfahrzeug in Form eines Propellertriebwagens. Im Jahre 1930 bewies Kruckenberg mit seinem gewöhnlich als »Schienenzeppelin« bezeichneten Triebwagen die prinzipielle Richtigkeit seiner Arbeiten. Auf einer 8 km langen Versuchsstrecke erreichte der Propellertriebwagen eine Geschwindigkeit von 182 km/h. Ein Jahr später folgte ein Schnellfahrversuch auf der Strecke Hamburg–Berlin, wobei auf einem Streckenabschnitt 230 km/h voll ausgefahren und eine Reisegeschwindigkeit von 157 km/h erreicht wurden. Die Anfahrbeschleunigung war dank einer extremen Leichtbauweise und der Stromlinienform außerordentlich gut: in 90 s erreichte der Triebwagen 120 km/h und in 2 min 150 km/h. Trotzdem wurde der Propellerantrieb in der Folgezeit nicht übernommen, weil Bedenken wegen der Sicherheit auf der Strecke bestanden, der Triebwagen immer nur in einer Richtung fahren konnte und der Propeller erst oberhalb von 200 km/h wirtschaftlich arbeitete.

Kruckenbergs Versuche hatten jedoch dazu geführt, daß die Deutsche Reichsbahn-Gesellschaft als günstigste Höchstgeschwindigkeit für Schnelltriebwagen 150 bis 160 km/h festlegte, da man bei diesen Werten ohne zusätzliche Streckensicherungsmaßnahmen auskam. In Zusammenarbeit mit der Industrie wurden in den folgenden Jahren verschiedene Typen von Schnelltriebwagen entwickelt, von denen der erste als »Fliegender Hamburger«

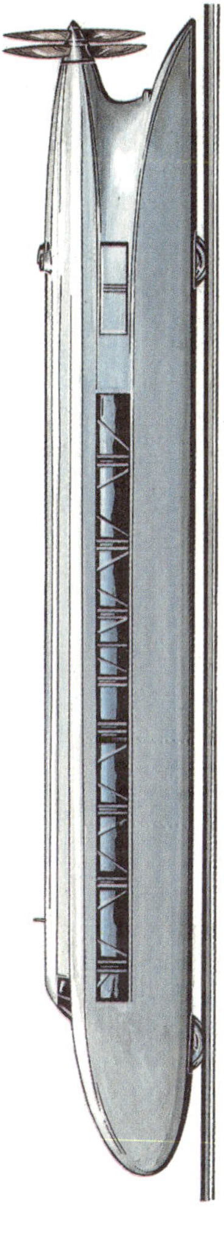

Schienenzeppelin

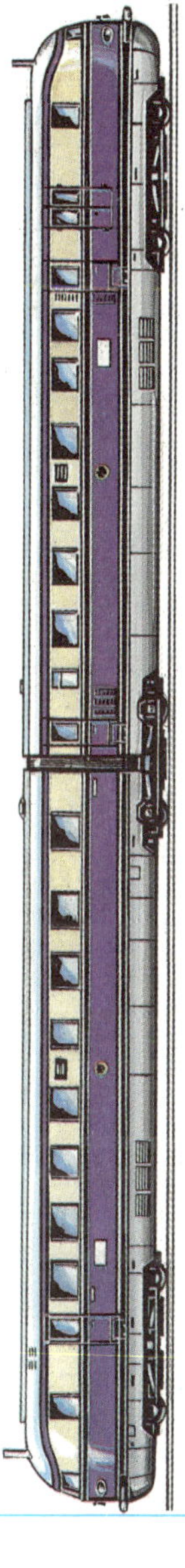

Schnelltriebwagen »Fliegender Hamburger«

bekannt wurde. Diese Einheit bestand aus zwei gleichartigen Wagenkästen, die von einem in der Mitte angeordneten gemeinsamen Triebdrehgestell getragen wurden. Der »Fliegende Hamburger« verfügte über 100 Sitzplätze der 2. Klasse, einen Gepäckraum und zwei Toiletten; in einer kleinen Bar wurden Getränke und Speisen bereitgehalten. Die zwei je 302-kW (410 PS)-Motoren waren auf an den Enden der Wagen laufenden Maschinendrehgestellen angeordnet. Sie arbeiteten mit elektrischer Kraftübertragung. Der »Fliegende Hamburger« war ab Mai 1933 in Dienst und fuhr die Strecke Hamburg–Berlin mit einer Reisegeschwindigkeit von 125,6 km/h. Im Interesse einer maximalen Betriebssicherheit war er mit einer schnellwirkenden Knorrbremse ausgestattet, die den Triebwagen aus 160 km/h mit einem Bremsweg von 1,2 km zum Stehen brachte, wobei zusätzlich Magnetschienenbremsen ansprachen.

Bis zum Kriegsausbruch entwickelte man den Schnelltriebwagenverkehr der Deutschen Reichsbahn-Gesellschaft systematisch weiter. Vierzehn der wichtigsten Strecken wurden durch Schnelltriebwagen befahren, wobei die Reisegeschwindigkeit im Vergleich zu lokbespannten Zügen durchschnittlich um die Hälfte erhöht werden konnte. Bei besonderen Testfahrten wurden mit diesen Einheiten 200 km/h überschritten. Die installierte Leistung betrug je nach dem Typ 2 × 302 bzw. 604 kW (410 PS), 2 × 442 bzw. 884 kW (600 PS), 2 × 478 bzw. 956 kW (650 PS), 1 × 972 kW (1 320 PS); die spezifische Masse des Motors lag zwischen 5,6 und 6,4 kg/kW (4,1 und 4,7 kg/PS), die spezifische Leistung des Fahrzeugs zwischen 8,6 und 13,7 kg/kW (6,3 und 10,1 PS/t). Diese damals zweifellos einmaligen technischen Leistungen dienten der faschistischen Propaganda zur Demonstration der Leistungsfähigkeit der deutschen Eisenbahnen, auf deren kontinuierliche Förderung ansonsten kein besonderes Gewicht gelegt wurde, weil sich die Aufrüstung auf Kraftverkehr und Luftverkehr konzentrierte. Der betriebliche Effekt bestand in einer Leistungsverbesserung für die Reisenden durch kürzere Fahrzeiten und höheren Komfort. Im Fernverkehr und für Geschäftsreisende spielten die Schnelltriebwagen eine wichtige Rolle.

Gegenüber den Erfolgen der Triebwagen und besonders der Schnelltriebwagen erscheinen die Fortschritte beim Bau von mit Verbrennungsmotoren ausgerüsteten Lokomotiven sehr bescheiden. Das nach wie vor ungelöste Problem der Kraftübertragung für Dieselmotoren höherer Leistung führte zu wenig optimistischen Prognosen hinsichtlich der künftigen Entwicklung. In einer repräsentativen Veröffentlichung über »Das deutsche Eisenbahnwesen der Gegenwart« wurde noch 1926 unter Bezugnahme auf die verschiedenen Bemühungen Anfang der zwanziger Jahre dazu folgendes gesagt: »Wenn auch die mit diesen Versuchen eingeschlagenen Wege aussichtsreich erscheinen, so läßt sich doch voraussehen, daß die Entwicklung der neuartigen Lokomotiven erhebliche Zeit in Anspruch nehmen wird, bis sie im Eisenbahnbetriebe und in den Werkstätten kein Fremdkörper mehr sein werden. Bis dahin wird die Dampflokomotive üblicher Bauart das Feld behaupten. Es erschiene daher durchaus verfrüht, sie schon heute als überholt zu erklären; im Gegenteil scheint es durchaus angebracht, auch weiterhin zielbewußt an ihrer Vervollkommnung zu arbeiten, um so mehr, als auch bei günstigster Beurteilung des elektrischen Bahnbetriebes eine große Menge Strekken, auch Vollbahnstrecken, voraussichtlich dem Dampfbetriebe dauernd verbleiben werden, da ihre Verkehrsdichte die großen Anlagekosten für die Streckenausrüstung nicht verzinsen kann.«

Diese Auffassung erhielt sich unter einigen renommierten Eisenbahnfachleuten noch bis in die fünfziger Jahre. Unter Hinweis auf das Fehlen eigener Erdölvorkommen vertraten sie die Auffassung, daß ein Streckenbetrieb mit Diesellokomotiven für die deutschen Eisenbahnen nicht zu empfehlen sei. Erst in der Folgezeit – vor allem unter dem Eindruck der bei den nordamerikanischen Eisenbahnen mit der Dieseltraktion erreichten Erfolge – änderte sich diese Meinung.

Trotz der insgesamt wenig günstigen Beurteilung der Diesellokomotive hatten schon im Jahre 1919 gezielte Versuche zu ihrer Entwicklung begonnen. Die Konstruktion der dabei verwendeten Motoren lehnte sich ausnahmslos an die der in U-Booten eingesetzten an, also an

Langsamläufer mit 400 bis 500 U/min. Die Leistungen blieben so niedrig, daß die Triebfahrzeuge nur im Nebenbahnbetrieb genutzt werden konnten. Erste Erfahrungswerte vermittelten unter anderem sechs Diesellokomotiven verschiedener Firmen auf einer Ausstellung, die 1924 anläßlich der gleichzeitig in Berlin stattfindenden Eisenbahntechnischen Tagung des Vereins Deutscher Ingenieure in Seddin durchgeführt wurde. Die dort gezeigten Maschinen waren zumeist für den Rangierdienst, aber auch für den leichten Personenzugdienst auf Nebenstrekken bestimmt, wo sie sich allerdings wegen ihrer zu geringen Leistungen (120 kW – 160 PS, 150 kW – 200 PS, 165 kW – 220 PS) nicht bewährten. Dagegen zeigten sie im Rangierdienst einen ausgeprägten Rationalisierungseffekt. Da man sie auf Bahnhöfen ohne eigene Rangierlokomotiven, aber mit ständig anfallenden Rangierarbeiten einsetzte, konnte vor allem der Nahgüterverkehr beschleunigt werden. Die kleinen Diesellokomotiven verminderten die Unterwegsaufenthalte der Nahgüterzüge durch das Bereitstellen der Wagen von Anschlußgleisen und Laderampen. Außerdem verminderten sich die Kosten, da die Diesellokomotiven effektiver arbeiten konnten als die für Rangierarbeiten eingesetzten Dampflokomotiven.

Der Konkurrenzdruck des Kraftverkehrs besonders im Nahbereich, aber auch die nicht unerheblichen finanziellen Belastungen der Deutschen Reichsbahn-Gesellschaft durch die Verpflichtung zu Reparationszahlungen waren deshalb der Anlaß für ein ausgeprägtes Interesse der deutschen Eisenbahnen an Kleindiesellokomotiven. Deren technische Vervollkommnung wurde dadurch nicht unerheblich gefördert. Im Auftrage der Deutschen Reichsbahn-Gesellschaft entwickelte die Industrie Kleinlokomotiven, die einfach zu bedienen sein mußten – auch vom Rangierpersonal –, nur eine Arbeitskraft zur Bedienung erforderten und wirtschaftlich im Betrieb waren. Hinsichtlich der Leistungen wurden bestimmte Bedingungen vorgegeben, die die im Interesse des Betriebes notwendige Einheitlichkeit der Triebfahrzeuge förderten. Im Jahre 1937 wurden die Kleinlokomotiven dann in zwei Gruppen unterteilt, von denen die Gruppe I solche mit einer Leistung von 15 bis 22 kW (20 bis 30 PS) und die Gruppe II solche mit 37 bis 55 kW (50 bis 75 PS) umfaßte. Für die Leistungsgruppe II wurde eine »Einheits-Kleinlokomotive« entwickelt, die – bei Einsatz verschiedener Motoren – ein einheitliches Rädergetriebe benutzte, das vier Geschwindigkeitsstufen (5, 10, 15 und 30 km/h) ohne erhebliche Zugkraftunterbrechung gestattete. Demgegenüber erbrachte das 1934 für einen Einheitstyp der Leistungsgruppe I entwickelte Rädergetriebe in seinen drei Gängen Geschwindigkeiten von 4, 8 und 18 km/h.

Bis 1940 erwarben die deutschen Eisenbahnen etwa 1 300 solcher Kleinlokomotiven, von denen 1 100 mit

*Kleinlokomotive der Leistungsklasse I*

*Kleinlokomotive der Leistungsklasse II*

Dieselmotoren ausgerüstet waren. Fast 85 % der Kleinlokomotiven gehörten zur Gruppe II. Ein derart umfangreicher Einsatz von Kleinlokomotiven mit Verbrennungsmotoren war einmalig. Zwar hatten ausländische Eisenbahnen gleichfalls schon seit den zwanziger Jahren mit ihnen Erfahrungen gesammelt, doch ihr Einsatz trug in der Regel noch einen Ausnahmecharakter.

Vergleichsweise weit geringer waren bei den deutschen Eisenbahnen die Erfahrungen, die mit dem Einsatz von Großdiesellokomotiven für den Streckendienst gesammelt wurden. Die ersten Schritte in diese Richtung hatte schon in den zwanziger Jahren die Dänische Staatsbahn unternommen, die 1926 und 1927 zunächst sechs vierachsige Diesellokomotiven in Dienst stellte, deren Sechszylinder-Viertaktmotoren 195 kW (265 PS) leisteten. Ihre zulässige Geschwindigkeit lag bei 70 km/h. Sie bewährten sich so gut, daß zwei leistungsfähigere Lokomotiven bestellt wurden, deren Dieselmotoren mit elektrischer Kraftübertragung eine Leistung von 375 kW (500 PS) und eine Höchstgeschwindigkeit von 100 km/h erreichten. Ab 1928 wurden sie mit großem Erfolg für leichte Schnellzüge auf der Strecke Kopenhagen-Korsör eingesetzt. Dabei beeindruckte nicht allein ihre Reisegeschwindigkeit, sondern auch die Tatsache, daß sie täglich 440 km im Zugdienst leisteten. Einen ersten Höhepunkt erreichten die in Dänemark gebauten und eingesetzten Diesellokomotiven durch zwei im Jahre 1931 ausgelieferte Triebfahrzeuge mit der Achsfolge 2'Do2'. Sie waren mit je zwei Sechszylinder-Viertakt-Dieselmotoren und elektrischer Kraftübertragung ausgerüstet. Bei einfacher Bedienung bewährten sie sich im Güter- und Schnellzugdienst. Schnellzüge von 250 t erreichten immerhin eine Geschwindigkeit von 110 km/h. Der Erfolg der Dieseltraktion führte in Dänemark schon 1933 zum Beschluß, in Zukunft keine Dampflokomotiven mehr zu beschaffen. Zwar konnte die Dänische Staatsbahn bis in die fünfziger Jahre – bedingt durch Krisen- und Kriegsauswirkungen – keine neuen schweren Streckenlokomotiven bestellen, der Einsatz von Diesel-Kleinlokomotiven und Triebwagen auf den dänischen Privatbahnen wurde jedoch ausgebaut.

Relativ früh hatte auch in Italien eine Diesellokomotive im Streckendienst Erfolg. Sie war von einer privaten Eisenbahngesellschaft für den Betrieb ihrer schmalspurigen Strecke (950 mm) Calabra-Lucana bestellt worden, die mit Steigungen bis 60‰ für die Dampftraktion außerordentlich schwierig zu bewältigen war. Die 1924 von Fiat gelieferte Bo'Bo'-Lokomotive war mit einem Zweitaktmotor ausgerüstet, der eine Leistung von 330 kW (440 PS) an den Generator abgab. Ihre Besonderheit lag darin, daß die vier Fahrmotoren auf günstigeren Streckenabschnitten durch die elektrische Anlage mit Strom versorgt wurden, während auf den größten Steigungen zwei im ersten Wagen zusätzlich eingebaute Motoren gleichfalls Strom erhielten. Im Unterschied dazu erreichte die italienische Versuchslokomotive für Normalspur, die 1927 bei Ansaldo gebaut wurde (Leistung 825 kW–1 100 PS; 75 km/h), in der Erprobung einen so geringen Erfolg, daß weitere Bestellungen unterblieben und die Dieseltraktion in Italien außer bei einigen Werkslokomotiven und Dieseltriebwagen keine Fortschritte machte.

In Deutschland wurde der Bau von Streckenlokomotiven durch einen sowjetischen Auftrag wieder aufgenommen. Die Sowjetunion, die Anfang der zwanziger Jahre 700 Dampflokomotiven bei deutschen Firmen bestellt hatte, war auch an der Ausführung einer Großdiesellokomotive interessiert. Schon vor dem ersten Weltkrieg hatte man in Rußland den Bau derartiger Fahrzeuge in Angriff genommen. Die Realisierung scheiterte nach Kriegsbeginn. Im Zusammenhang mit der wirtschaftlichen Erschließung des Landes und der Erweiterung des Eisenbahnnetzes durch die sowjetische Regierung nahmen diese Pläne erneut Gestalt an. Mit direkter Unterstützung Lenins wurde die Bestellung von zunächst zwei Großdiesellokomotiven bei deutschen Firmen veranlaßt.

Die erste Lokomotive entstand 1924 unter Leitung und Mitwirkung des sowjetischen Fachvertreters, Prof. Lomonossow, bei der Hohenzollern AG für Lokomotivbau. Der Dieselmotor stammte von der MAN und die elektrische Ausrüstung von Brown, Boveri & Co. Der Sechszylinder-Viertaktmotor leistete 900 kW (1 200 PS) mit elektrischer Kraftübertragung, die Lokomotive zog 1 950 t auf einer

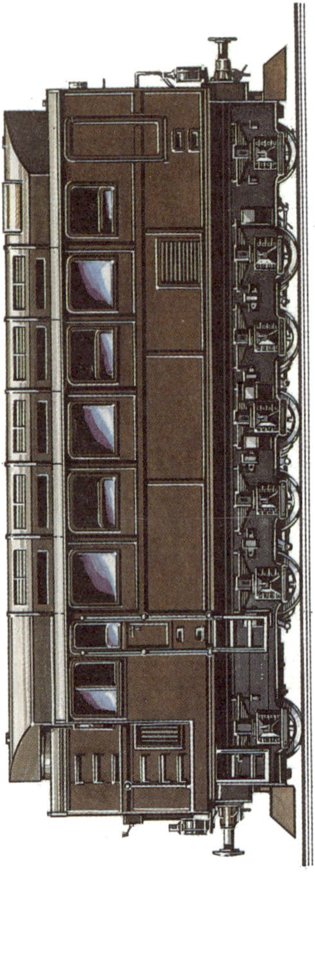

*In Deutschland gebaute Streckenlokomotive für die Sowjetunion*

Steigung von 5‰ mit rund 15 km/h. Die zweite von der Sowjetunion bestellte Lokomotive sollte den gleichen Motor, aber mit mechanischer Kraftübertragung, verwenden. Sie wurde wiederum von der Hohenzollern AG gebaut und mit einem von Krupp entwickelten Zahnradgetriebe ausgestattet, das sich in drei Stufen schalten ließ. Sie erreichte jedoch nicht die überzeugenden Leistungen der ersten Maschine.

Der Bau dieser Lokomotiven veranlaßte auch die Deutsche Reichsbahn-Gesellschaft, sich mit Großdiesellokomotiven zu befassen. Man knüpfte dabei an Erfahrungen mit der ersten Diesellokomotive an und wählte bei der 1927 gebauten 2B2-Lokomotive eine Weiterentwicklung des direkten Antriebs. In ihrem zehnjährigen Einsatz bewies die Lokomotive die Eignung des direkten Antriebs auch bei hohen Fahrgeschwindigkeiten; allerdings befriedigte die Zugkraft nicht.

Eine andere Lösung wurde mit einer Dieseldruckluftlokomotive versucht. Bei dieser Kraftübertragung ersetzte man den Dampfkessel der Dampflokomotive durch ein Motor-Kompressor-Aggregat, während man den Antrieb mit Zylindern und Steuerung beibehielt. Die Lokomotive hatte wieder einen 900-kW-Motor von MAN. Sie zeigte ein gutes Regelverhalten, einen günstigen thermischen Wirkungsgrad und zeichnete sich durch niedrige Beschaffungskosten aus. Zugkraft und Leistungsvermögen waren jedoch gering. Im Verein mit anderen Detailproblemen führte das dazu, daß die Druckluftübertragung, die auch im Ausland bei verschiedenen Diesellokomotiven getestet worden war, nicht weiter entwickelt wurde.

Einen Erfolg brachte dagegen die 1935 von der Deutschen Reichsbahn-Gesellschaft übernommene Diesellokomotive mit hydraulischer Kraftübertragung, die für den Einsatz auf Nebenbahnen bestimmt war. Ihr Achtzylinder-Reihenmotor leistete mit Aufladung 1 050 kW (1 400 PS), ihre Höchstgeschwindigkeit lag bei 100 km/h. Entsprechend ihrer Zugkraft und Leistung konnte sie jedoch auch Güterzüge mit einer Anhängemasse von 500 t auf Steigungen von 10‰ mit 30 km/h befördern. Sie bewährte sich im praktischen Einsatz außerordentlich gut, wurde jedoch nicht weiter gebaut. Während des zweiten

Weltkrieges war sie eine Zeitlang abgestellt und danach bis zum Jahre 1957 bei der Deutschen Bundesbahn im Dienst.

Die leistungsstärkste vor dem Kriege in Deutschland gebaute Diesellokomotive wurde 1938 an die Rumänische Staatsbahn ausgeliefert. Sie war für die wichtige Transitverbindung von Mitteleuropa nach Bukarest bestimmt, die mit langen Steigungen bis zu 26‰ über den Predeal-Paß führte. Mit der Dampftraktion waren auf dieser damals eingleisigen Strecke immer wieder erhebliche Schwierigkeiten entstanden. Die Diesellokomotive sollte eine installierte Leistung von 3 300 kW (4 400 PS) haben, die auf zwei kurz gekuppelte Lokomotivhälften mit einem Führerstand verteilt wurde (Achsfolge 2'Do1' + 1'Do2'), weil Kurvenradien von nur 275 m zu durchfahren waren. Dabei wurden zwei Sechszylinder-Reihenmotoren zu einem Zwölfzylinder-Doppelreihenmotor zusammengefaßt, die Kraftübertragung erfolgte elektrisch. Die Lokomotive bestand ihre Bewährungsprobe im planmäßigen Dienst glänzend und war mit Ausnahme der Kriegsjahre rund drei Jahrzehnte im Einsatz.

Neben diesen Großdiesellokomotiven entwickelte die deutsche Industrie seit Mitte der dreißiger Jahre eine spezielle Typenreihe normalspuriger Diesellokomotiven unterschiedlicher Leistung für militärische Zwecke. Während einige davon nur in geringer Stückzahl gebaut wurden, entstanden von der 150 -kW (200 PS)-Maschine mehr als 120 Exemplare, von der 270-kW (360 PS)-Maschine nahezu 300. Ein derartiger Serienbau war in jenen Jahren eine ausgesprochene Ausnahme, die beim Bau von Diesellokomotiven lange Zeit nicht wiederholt wurde.

Trotz dieser recht umfangreichen Erfahrungen mit Diesellokomotiven geringerer und stärkerer Leistung kam jedoch auch bei den deutschen Eisenbahnen der Bau von Streckenlokomotiven nicht über das Versuchsstadium hinaus.

Wesentlich geringer waren die praktischen Kenntnisse in anderen europäischen Staaten, die, neben einem meist schwach ausgebauten Triebwagenverkehr, fast ausnahmslos nur wenige Diesellokomotiven bauten oder importier-

*Französische Streckenlokomotive der dreißiger Jahre*

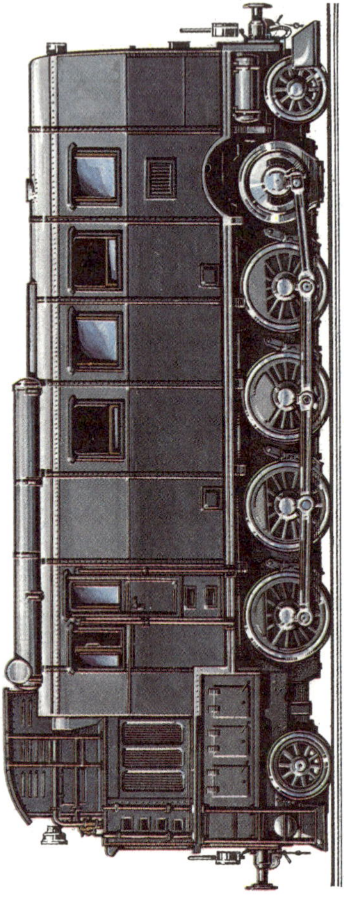

*In der Sowjetunion gebaute Streckenlokomotive*

ten, um sie im Betrieb zu testen. Das war unter anderem in Großbritannien der Fall, obgleich dort schon um die Jahrhundertwende erste Versuche zur Nutzung der Dieseltraktion einsetzten. Größere Fortschritte erreichte man in Frankreich, wo man zwar erst Anfang der dreißiger Jahre mit der umfangreicheren Nutzung von Dieseltriebwagen begann, jedoch 1938 zwei Streckenlokomotiven für den Schnellzugdienst in Betrieb nahm, die in ihrer Leistung der für Rumänien gelieferten ebenbürtig waren. Die geforderten 130 km/h wurden durch eine Motorleistung von 3 327 kW (4 520 PS) und 3 238 kW (4 400 PS) erreicht, die in beiden Fällen auf Doppellokomotiven mit der Achsfolge 2'Co2' + 2'Co2' aufgeteilt war. In beiden Fällen wurde elektrische Kraftübertragung genutzt. Bei einer der Lokomotiven waren je zwei Sechszylinder-Viertaktmotoren mit je 773 kW (1 050 PS) auf einer Lokomotivhälfte untergebracht, die durch einen Turbolader aufgeladen wurden. Außerdem wurde je ein Hilfsdiesel von 118 kW (160 PS) installiert, der einen Hilfsgenerator antrieb. Die andere Maschine arbeitete mit zwei 1 619-kW (2 200 PS)-Motoren von Sulzer, wie sie auch für die rumänische Lokomotive eingesetzt worden waren. Die französischen Maschinen waren mit Unterbrechung während des Krieges bis 1957 erfolgreich im Einsatz.

Die sowjetischen Eisenbahnen, dic aus den schon genannten Gründen an der Dieseltraktion stark interessiert waren, entwickelten neben den von der deutschen Industrie übernommenen zwei Lokomotiven, zu denen sich Anfang der dreißiger Jahre zwei weitere sowie Teilausrüstungen gesellten, eigene Maschinen, die teilweise anfangs noch mit importierten Motoren bzw. importierter elektrischer Ausrüstung arbeiteten. Ab 1933 wurden die Diesellokomotiven ausschließlich in der Sowjetunion gebaut, wobei der fahrzeugbauliche Teil in der Regel von Kolomna und der elektrische Teil vom Dynamo-Werk Moskau kam. Die auf den sowjetischen Eisenbahnen verkehrenden Diesellokomotiven wurden praktisch in allen Bereichen des Eisenbahnverkehrs eingesetzt und entsprachen damit unterschiedlichsten Anforderungen. Die umfangreichen Erfahrungen, die man dabei sammelte, dienten dem Serienbau der Nachkriegszeit als Grundlage.

*US-amerikanische Streckenlokomotive der Baltimore and Ohio-Eisenbahn aus den dreißiger Jahren*

In geringerem Umfang und mit einem ausgeprägten Versuchscharakter verwendeten auch außereuropäische Eisenbahnen Dieseltriebwagen und -lokomotiven. Von nennenswerter Bedeutung war jedoch lediglich die Dieseltraktion in den USA. Sie setzte allerdings in bedeutenderem Umfang wesentlich später als in Europa ein, obgleich schon 1906 Triebwagen mit Verbrennungsmotoren auf nordamerikanischen Strecken verkehrten. Verschiedene Versuche in den zwanziger Jahren brachten keinen Durchbruch. Auf dem ausgedehnten nordamerikanischen Eisenbahnnetz (in jenen Jahren rund 400 000 km) waren von 1925 bis 1935 lediglich 87 Diesellokomotiven auf Bahnen der Klasse I in Betrieb. Erst in den dreißiger Jahren bahnte sich ein Umschwung an. Unter dem Konkurrenzdruck des Kraftverkehrs nahmen verschiedene große Eisenbahngesellschaften luxuriöse Triebwageneinheiten in Betrieb, die – in ähnlicher Leichtbauweise wie in Deutschland – 150 km/h erreichten und den Personenverkehr zur Schiene zurückführten. Bedeutender für die künftige Entwicklung war allerdings, das General Motors, die sich seit 1934 auch dem Lokomotivbau zugewendet hatten, im Jahre 1935 zwei Streckenlokomotiven von 1 325 kW (1 800 PS) vorstellten, die bei später gebauten Exemplaren als Doppeleinheit eingesetzt wurden und dann mit 2 650 kW (3 600 PS) hinsichtlich der Leistung die im Schnellzugdienst eingesetzten Dampflokomotiven überboten. Angesichts der guten praktischen Bewährung dieser Probemaschinen begannen General Motors daraufhin die Serienproduktion nicht nur für Strecken-, sondern vor allem auch für 442-kW-(600 PS)- und 662-kW (900 PS)-Rangierlokomotiven. Die dadurch erzielte Preisminderung und die kürzeren Lieferzeiten veranlaßten viele amerikanische Eisenbahngesellschaften, sich Diesellokomotiven anzuschaffen, so daß sich deren Bestand von 1936 bis 1941 um 1369 vermehrte. Der endgültige Durchbruch zur Dieseltraktion erfolgte jedoch auch in den USA erst nach dem zweiten Weltkrieg, dann allerdings schlagartig. Die leistungsfähigen amerikanischen Dampflokomotiven wurden fast von heute auf morgen aus dem Verkehr gezogen, da der Stopp der Rüstungsproduktion die großen Konzerne nach anderen Produktionsprogrammen suchen ließ. Die Umstellung auf Dieseltraktion versprach wegen des massenhaften Bedarfs eine wirkliche Hilfe.

Überblickt man die Resultate der Entwicklung von Dieseltriebfahrzeugen bis zum Ende des zweiten Weltkrieges, so läßt sich feststellen, daß die thermischen Triebfahrzeuge analog zur Dampf- und E-Lokomotive nicht »erfunden«, sondern von einer ganzen Generation von Ingenieuren ausgearbeitet wurden. Sie bildeten in noch umfassenderem Maße das Ergebnis einer Nutzung internationaler Erfahrungen, als sich das schon bei der Dampf- und der E-Lokomotive gezeigt hatte. Wenn sich auch die Dieseltraktion erst seit den fünfziger Jahren rasch durchzusetzen begann, so deuteten sich doch ihre betrieblichen Vorzüge und Nachteile bereits damals in aller Deutlichkeit an:

- Der Leistungsbereich der thermischen Triebfahrzeuge liegt zwischen der Dampf- und der E-Lokomotive. Das thermische Triebfahrzeug muß wie die Dampflokomotive die Rohenergie mitführen und während der Fahrt in Traktionsenergie umwandeln. Das führt im Vergleich zur E-Traktion zwangsläufig zu einem Herabsetzen der Leistungsgrenze, die jedoch – natürlich in Abhängigkeit von der installierten Leistung – noch immer über der Dampftraktion liegt.
- Der Wirkungsgrad der thermischen Triebfahrzeuge hinsichtlich der Energieumwandlung beträgt etwa das Dreifache der Dampflokomotive.
- Die thermischen Triebfahrzeuge weisen eine ständige sofortige Einsatzbereitschaft und einen geringeren Wartungsaufwand auf. Dadurch erhöht sich die tägliche Einsatzstundenzahl.
- Es ist Einmannbedienung und damit eine Einsparung von Arbeitskräften möglich.
- Der Einsatz kann auf allen vorhandenen Strecken ohne elektrische Fahrleitungen und Veränderungen an den baulichen Anlagen erfolgen. Die Dieseltraktion ist damit billiger als die E-Traktion. Die Beschaffung der Fahrzeuge als Ersatz für die Dampflokomotiven kann entsprechend den finanziellen Möglichkeiten erfolgen.
- Die thermischen Triebfahrzeuge können auf der Basis

der jeweiligen Leistungsanforderungen erheblich variiert werden und passen sich damit den Verkehrsbedingungen sehr günstig an.

Nachteilig wirkt sich aus, daß Dieselmotoren nicht über ihre Nennleistung hinaus belastet werden können, so daß bei hohen Beschleunigungen und Steigungen eine Leistungsreserve fehlt, sofern nicht überdimensionierte Motoren verwendet werden, die normalerweise nur im Teillastbereich gefahren werden. Bei Einsatz der Dieselfahrzeuge im Reisezugdienst muß außerdem eine besondere Heizungsanlage installiert werden. Schließlich ist die wachsende Umweltbelastung durch Schadstoffemission und Geräusche zu berücksichtigen.

Die überwiegenden Vorteile der Dieseltraktion und ihre Überlegenheit über die Dampftraktion sicherten ihr dennoch einen wachsenden Leistungsanteil im Zugförderungsdienst der Eisenbahnen. In der Regel wird sie erst auf Nebenstrecken und schwächer belasteten Hauptstrekken herangezogen, für die die elektrische Traktion zu aufwendig ist. Ausnahmen bestehen beispielsweise in den USA und den meisten amerikanischen Ländern, wo sich die Dieseltraktion unter dem Druck der Erdölkonzerne und der einschlägigen Industrie als praktisch einzige Traktionsart bis heute behaupten konnte, aber auch in Entwicklungsländern, wo die Dieseltraktion aus Kostengründen und wegen des Fehlens starker Verkehrsströme vorgezogen wurde.

# Gütertransport: leistungsfähiger, schneller, billiger

Bis zum ersten Weltkrieg hatte sich der Güterverkehr der Eisenbahnen der Welt fast ausnahmslos in aufsteigenden Linien entwickelt. In der Nachkriegszeit veränderte sich diese Situation durch schärfere Krisenauswirkungen und die sich verstärkende Konkurrenz des Kraftverkehrs. Da gleichzeitig auch der Personenverkehr von den Auswirkungen dieser Entwicklung nicht verschont blieb, spitzte sich die finanzielle Lage der Eisenbahngesellschaften zu. Allerdings waren sie von der Stagnation bzw. dem teilweisen Rückgang des Güterverkehrs stärker betroffen, weil in der Regel nur aus ihm Betriebsüberschüsse erwirtschaftet werden konnten, während der Personenverkehr im günstigeren Falle nur seine betrieblichen Kosten deckte, im ungünstigeren Zuschüsse erforderte. Als Grundsatz der technischen und betrieblichen Konzeption im Güterverkehr der Nachkriegszeit galt deshalb, »mit einer Mindestzahl von Fahrzeugen bei ihrer höchst gesteigerten Ausnutzung und mit einer Mindestzahl von Personal die größtmöglichen Leistungen zu erzielen«. Im Mittelpunkt des Interesses standen die weitere Leistungssteigerung der Triebfahrzeuge und Güterwagen sowie die Beschleunigung des Wagenumlaufs. Außerdem sollten eine zunehmende Vereinheitlichung des Wagenparks im Interesse eines rationalisierten Betriebes sowie technische Veränderungen an den Güterwagen im Interesse der »profilbestimmenden« Verkehrskunden erfolgen.

Die meisten Chancen, dieses Ziel zu erreichen, ergaben sich, wenn mehr Güter in *einem* Zuge befördert wurden, weil auf diese Weise die maximale Ausnutzung der Fahrzeuge bei einem Minimalbedarf an Personal erreicht wurde. Die Eisenbahnen der USA hatten auf diesem Wege bereits vor dem ersten Weltkrieg Erfahrungen sammeln können. Sie wurden dazu durch das wesentlich höhere Lohnniveau der amerikanischen Eisenbahnarbeiter und -angestellten veranlaßt, das eine umfangreiche Mechanisierung der dafür in Frage kommenden Arbeitsgänge zur Folge hatte, aber auch durch Forderungen der amerikanischen Monopole nach niedrigeren Tarifen, die die Absatzchancen ihrer Erzeugnisse auf dem Weltmarkt verbessern sollten. Zusammen mit einer höheren spezifischen Belastung von Oberbau und Brücken war deshalb die Tragfähigkeit der Güterwagen in den USA kontinuierlich gestiegen: von fast 14 t Ende der achtziger Jahre des 19. Jahrhunderts auf mehr als 45 t schon in den neunziger Jahren und maximal 110 t Anfang der zwanziger Jahre.[1] Nach Angaben des »Railway Age« aus dem Jahre 1922 waren dadurch bei Einsatz schwerster Lokomotiven Zugeinheiten bis zu einer Gesamtmasse von 15 925 t möglich. Zum Vergleich sei erwähnt, daß die Deutsche Reichsbahn-Gesellschaft ab 1928 schwere Ganzzüge fuhr, die eine Gesamtzuglast von 2 000 t und eine Nutzlast von etwa 1 400 t erreichten. Diese Zahlen waren repräsentativ auch für die anderen europäischen Länder. Die überschweren amerikanischen Zugeinheiten waren möglich, weil vierachsige Wagen mit etwa 22 t Achsmasse und einer Eigenmasse von nur 32,5 % zur Verfügung standen. Ähnlich günstige Werte steuerten nun auch die europäischen Eisenbahnen an, wobei sie in der Regel von geringeren Achsmassen (15 bis 20 t) und einer wesentlich geringeren Nutzmasse ausgehen mußten. Die Schaffung dieser Großraumwagen (mit 40 bis 50 t Nutzmasse; bei Spezialwagen, besonders sogenannten Tiefladern, bis 160 t) wurde durchaus nicht einhellig befürwortet. Vor allem Vertreter der industriell weniger stark entwickelten Länder bzw. solcher, die keinen so stark ausgeprägten Massengutverkehr aufzuweisen hatten, sprachen sich für geringere Dimensionen aus. Selbst in den USA wurden nicht wenige Zweifel an der Notwendigkeit zur Erweite-

1 Die abgerundeten Angaben ergeben sich aus der Umrechnung der amerikanischen Tonne = 907 kg.

rung des Bestandes an größten Einheiten geäußert, obgleich sie – allerdings nur unter bestimmten Voraussetzungen – erhebliche betriebliche Vorteile brachten. Von den deutschen Eisenbahnen wurde beispielsweise darauf verwiesen, daß ein Zug mit 1 000 t Kohlenfracht bei Einsatz von 50-t-Güterwagen (mit 12 m bzw. 9,5 m Länge des Einzelwagens) nur noch die Gesamtlänge von 240 bzw. 190 m aufweist und damit lediglich etwa die Hälfte im Vergleich zum Einsatz von 20-t-Wagen. Kürzere Züge hatten außerdem eine deutlich verminderte Fahrwiderstandskraft und senkten damit den Kohlebedarf der Lokomotiven. Außerdem verminderte sich bei den Großraumwagen die Eigenmasse. Lag sie bei 10-t-Wagen bei 65,3 % der Nutzmasse, so erreichte sie bei 15-t-Wagen 52,4 %, bei 20-t-Wagen 49,1 % und bei 50-t-Wagen 38 %. Die Senkung der Eigenmasse wurde allerdings auch durch den Einsatz von Stahl höherer Festigkeit sowie den Übergang vom Nieten zum Schweißen beeinflußt. Allein durch den Wegfall der Nietverbindungen konnte die Masse der Wagen um 15 bis 20 % vermindert werden. Dadurch ergaben sich verständlicherweise direkte Auswirkungen auf die Triebfahrzeuge.

Ein weiterer betrieblicher Effekt lag in der möglichen besseren Ausnutzung der Strecken, die bei reinen Güterzugstrecken – die in der Praxis allerdings kaum existierten – auf das Doppelte steigen konnte. Wichtig war dabei außerdem, daß beispielsweise bei einer Normallänge der Überholungsgleise der deutschen Eisenbahnen von 550 m die Abwicklung des Betriebes bei kürzeren Zuglängen weit flexibler gestaltet werden konnte. Das galt besonders, wenn die Reisegeschwindigkeit des Güterverkehrs, die Anfang der zwanziger Jahre bei den deutschen wie den meisten europäischen Eisenbahnen bei etwa 20 km/h lag, erhöht wurde. Diese relativ niedrige Geschwindigkeit war das Ergebnis vieler notwendiger Wagenumstellungen in Rangierbahnhöfen und damit von Unterwegsaufenthalten. Im Nahverkehr konnte die Geschwindigkeit teilweise sogar bis auf 10 km/h sinken. Durch Rationalisierung im Betriebsablauf verminderten die Eisenbahnen die Umstellarbeit auf den Zugbildungsbahnhöfen, indem sie durchgehende Ganzzüge aus Großraumgüterwagen für

*Großraumgüterwagen (Selbstentlader)*

den Transport von Massengütern (besonders Kohle und Erze) bildeten, die in festen Relationen faktisch einen Pendelverkehr bewältigten. Ein Teil dieser Wagen war zusätzlich mit einer »selbsttätigen« Kupplung ausgerüstet, die die Luftleitung und andere elektrische Leitungen selbsttätig kuppelte und damit nicht nur die Rangierarbeiten beschleunigte, sondern auch Personal einsparte. Wegen der Besonderheiten dieser Kupplung konnten die Wagen jedoch nicht in anderen Zügen fahren. Dieser Nachteil belastet die Eisenbahnen bis heute. Die erstmalig für 1976 vorgesehene und seitdem immer wieder verschobene Einführung der automatischen Mittelpufferkupplung wird deshalb erst dann realisiert werden können, wenn sich alle davon berührten Eisenbahnen Europas damit einverstanden erklären.

Obgleich beim Ganzzugverkehr 50 % Leerläufe anfielen, war der betriebliche Effekt überzeugend, da der Wagenumlauf etwa um das 3,5fache gesteigert werden konnte. Wenn man dabei berücksichtigt, daß ein Güterwagen damals unter normalen Bedingungen täglich nur etwa 3 Stunden Laufzeit hatte, die übrige Zeit jedoch zum Be- und Entladen bzw. auf Bahnhöfen stillstand, wird verständlich, warum Rationalisierungsmaßnahmen wie das Bilden von Ganzzügen einen großen betrieblichen Effekt brachten, wenn sie gezielt eingesetzt wurden.

Zusätzlich wurde der Nutzen besonders der Großraum-, aber auch anderer Güterwagen gesteigert, wenn sie Vorrichtungen zum Selbstentladen aufwiesen. Zum einen konnte dadurch das Umgrenzungsprofil der Wagen nach oben besser ausgenutzt werden, weil die Entladung mit der Hand die Wagenbordhöhe bis dahin beschränkt hatte, zum anderen wurden zusätzliche Entladekräfte überflüssig, weil zum Beispiel zwei Arbeiter ausreichten, um einen 1 000-t-Zug in etwa 30 Minuten zu entladen. Analog zur Zeit vor dem ersten Weltkrieg wurden Selbstentladewagen in zwei Grundtypen gebaut: als Seitenentleerer (sogenannte Talbot-Wagen), die wahlweise nach einer oder beiden Seiten entleert werden konnten, und als Bodenentleerer, bei denen das Schüttgut zwischen die Gleise entladen wurde. Die Vorteile derartiger Selbstentladewagen hatten sich schon seit ihrem ersten Einsatz gezeigt, deshalb wurden auch viele der geringer dimensionierten Wagen mit derartigen Einrichtungen ausgestattet. In den zwanziger Jahren legte man im Interesse der Verkehrskunden großen Wert auf die Vervollkommnung der gutgerechten Selbstentladung, so daß eine Vielzahl von Sonderbauformen entstand.

Wie bereits erwähnt, konzentrierte sich der internationale Güterwagenbau auf das Erhöhen der betrieblichen Effektivität. Die Tragfähigkeit – mit Ausnahme der Großraumwagen – veränderte sich gegenüber der Zeit vor dem ersten Weltkrieg nur unwesentlich. Sie lag weiterhin bei 15 bzw. 20 t. Für diese Massen genügten zweiachsige Wagen, da die zulässige Achsmasse bei den meisten europäischen Eisenbahnen zwischen 15 und 20 t lag. Bei Achsständen von vier und mehr Metern wurden die zweiachsigen Wagen mit Lenkachsen ausgerüstet. Dagegen mußte die höhere Masse der Großraumgüterwagen von vier bzw. sechs (oder mehr) Achsen aufgenommen werden. Zur besseren Kurvenläufigkeit wurden je zwei bzw. drei Achsen in einem Drehgestell zusammengefaßt.

Um die Sicherheit des Güterverkehrs zu erhöhen, aber auch, um höhere Geschwindigkeiten zu erzielen, nahm die Ausstattung der Güterwagen mit durchgehenden Bremsen zu. War in den USA aufgrund des außerordentlich stark wachsenden Güterverkehrs bereits im Jahre

*Selbstentladewagen*

1893 die durchgehende Güterzugbremse gesetzlich vorgeschrieben, hatte sich bei den europäischen Eisenbahnen die Handbremsung für einen großen Teil der Wagen bis in die zwanziger Jahre erhalten. Man konnte die bei den amerikanischen Eisenbahnen gesammelten Erfahrungen nicht ohne weiteres auf europäische Verhältnisse übertragen; denn in den USA war eine bewegliche Mittelpufferkupplung der Wagen üblich, während in Europa die lose Kupplung mit einer durchgehenden Zugstange verwendet wurde. Trotzdem förderten die günstigen Ergebnisse der durchgehenden Bremsen im Verein mit den immer dringlicheren betrieblichen und ökonomischen Forderungen die Ausstattung der Güterwagen mit durchgehenden Bremsen. Nach dem ersten Weltkrieg wurden die Versuche mit Druckluft- und Vakuumbremsen fortgesetzt, von denen die erstgenannte in größerem Umfange genutzt wurde, und zwar bevorzugt nach dem amerikanischen Westinghouse- und dem deutschen Kunze-Knorr-System. Um den grenzüberschreitenden Güterwagenverkehr zu gewährleisten, wurden nur Bremsen verwendet, die internationalen Vorschriften entsprachen. Erstmalig waren sie 1909 als sogenanntes Berner Programm (33 Bedingungen, denen eine Bremse im internationalen Verkehr genügen muß) aufgestellt worden, dessen Realisierung jedoch durch den ersten Weltkrieg verhindert worden war. Im Jahre 1926 verabschiedete der Unterausschuß für die durchgehende Güterzugbremse des Internationalen Eisenbahnverbandes (Union Internationale des Chemins

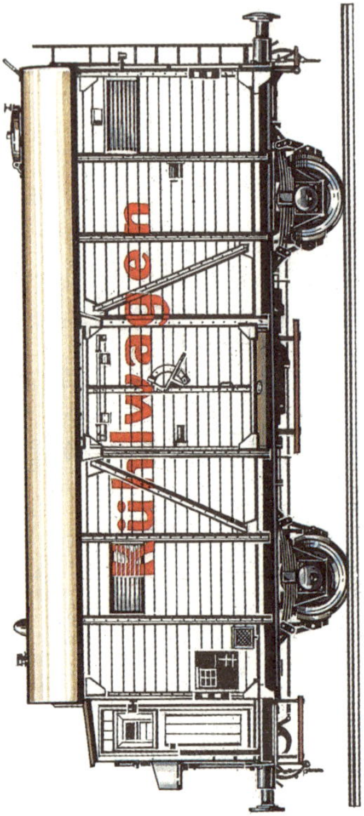


*2-achsiger gedeckter Normalgüterwagen (Kühlwagen)*

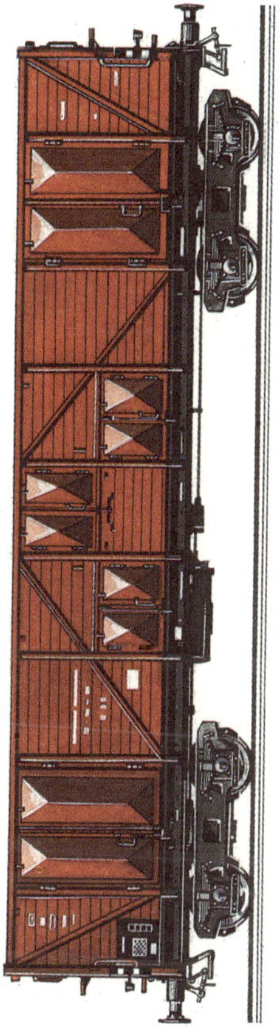

*4-achsiger offener Normalgüterwagen*

de Fer – UIC) neue, die inzwischen vollzogene technische Weiterentwicklung berücksichtigende Bedingungen. Ihnen entsprachen sowohl die Westinghouse – als auch die Kunze-Knorr-Bremse. Im Jahre 1932 wurde vom UIC außerdem die Hildebrand-Knorr-Bremse für Güterzüge anerkannt, eine Dreidruckbremse, die im Unterschied zur mehrlösigen Kunze-Knorr-Bremse die zusätzliche Möglichkeit hatte, auf langen Gefällestrecken Druckverluste im Bremszylinder durch automatisches Nachspeisen während des Bremsvorganges auszugleichen.

Seit Beginn der zwanziger Jahre waren bei den deutschen Eisenbahnen alle neuen Güterwagen mit der Kunze-Knorr-Bremse ausgerüstet worden, dazu in jedem Jahr ein Teil der schon vorhandenen Wagen. Hatten 1913 nur etwa 35 % der Güter- und Gepäckwagen der deutschen Eisenbahnen Bremsvorrichtungen und von ihnen nur etwa ein Sechstel durchgehende Bremsen bzw. entsprechende Leitungen, so waren es 1937 70,7 % der Güterwagen und 86,4 % der Gepäckwagen.

Ein wichtiges Merkmal des Güterwagenbaus der Zeit nach dem ersten Weltkrieg bildete außerdem die zunehmende Vereinheitlichung der einzelnen Wagentypen. Ihre Vielfalt war durch das überwiegend private Eisenbahneigentum der ersten Jahrzehnte außerordentlich groß gewesen. Die Deutsche Reichsbahn übernahm zum Beispiel in ihrem Gründungsjahr 1920 rund 200 Bauarten. Der im gleichen Jahr gebildete Allgemeine Wagennormungsausschuß legte daraufhin einheitliche Baumuster für Güterwagen fest und verlangte die Austauschbar-

*4-achsiger kurzgekuppelter Kübelwagen*

*Mehrachsiger Spezialgüterwagen (Kesselwagen)*

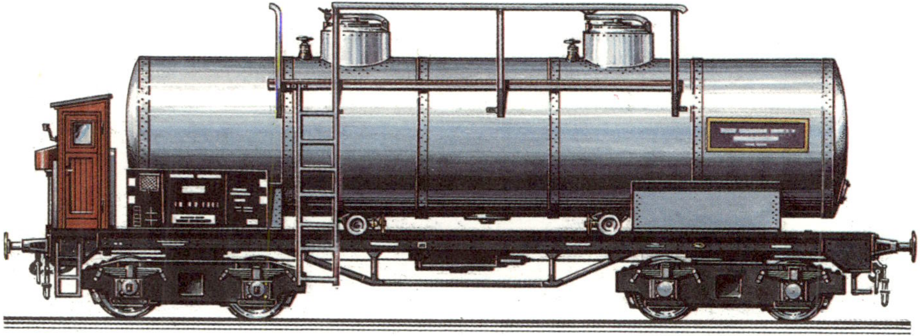

keit besonders beanspruchter Bauteile wie Radsätze, Achslager, Federn, Zug- und Stoßvorrichtungen. Sowohl bei den gedeckten als auch bei den offenen Güterwagen wurde trotzdem eine größere Zahl von Sonderbauformen entsprechend den Wünschen der Industrie entwickelt. Unter ihnen seien Kühlwagen erwähnt, die nach dem Vorbild der amerikanischen Eisenbahnen gebaut wurden. Sie hatten eine zweifache Holzverschalung mit einer Isolierung aus Kork bzw. einem Torfpräparat, und die Ausführung des Eisbehälters sicherte einen zwangsweisen Kälteumlauf im gesamten Wagen. Mit diesen Kühlwagen wurden bei den deutschen Eisenbahnen zunächst hauptsächlich Seefische und Milch transportiert.

In größerem Umfange setzten die deutschen Eisenbahnen weiterhin sogenannte Schnellentladewagen ein, unter ihnen Kübelwagen und Kohlenstaubwagen. Bei ersteren trug ein Plattformwagen aufklappbare Kübel, die durch einen Kran abgenommen und entleert wurden. Zweiachsige Wagen hatten eine Tragfähigkeit von 20 t, vierachsige erreichten 40 bis 50 t. Sie wurden in größerem Umfang zum Kohlenumschlag in den Kanalhäfen des Ruhrgebietes genutzt. Die Kohlenstaubwagen waren Kesselwagen mit stehenden oder liegenden Kesseln; der Kohlenstaub wurde mit Preßluft entladen.

Im Konkurrenzkampf mit dem Kraftverkehr spielte die Einführung des Behälterverkehrs (vorwiegend Kleinbehälter) für Stückgut eine Rolle, wobei auch geeignete Umschlagseinrichtungen entwickelt wurden. Der allgemeinen Beschleunigung des Güterverkehrs dienten schließlich neben den bereits erwähnten LEIG-Einheiten und den Gütertriebwagen das Einstellen von Güterwagen in schnellfahrende Personenzüge. Für diese Zwecke wurden Güterwagen für Geschwindigkeiten bis zu 90 km/h ausgerüstet. Sie erhielten Rollenachslager, einen größeren Achsstand und Lenkachsen. Außerdem wurden sie mit der für Reisezüge üblichen Druckluftbremse ausgerüstet und hatten Vorrichtungen, um die Heizschläuche zu kuppeln. Weitgehend wurden jedoch für die Güterwagen Handbremsen beibehalten, die der Bremser von seinem Bremserhäuschen aus bediente, weil sie für den Rangier-, aber auch den Zugdienst erforderlich waren.

# Schneller und bequemer reisen

Bis zum zweiten Jahrzehnt des 20. Jahrhunderts hatte der Bau von Reisezugwagen bereits einen beachtlichen Stand erreicht. Die Eisenbahnverwaltungen berücksichtigten bei deren Einsatz nicht allein die unterschiedlichen Verwendungszwecke, sie sorgten außerdem für einen wachsenden Reisekomfort. Die Kriegsjahre hatten diese aufsteigende Entwicklung ziemlich einschneidend unterbrochen, und in den zwanziger und dreißiger Jahren sahen sich die Eisenbahnen einer völlig neuen Situation gegenüber. Die wachsende Konkurrenz des Kraftverkehrs zwang sie zu werbenden Maßnahmen und einer straffen Rationalisierung auch im Personenverkehr. Die Folge davon war ein deutlicher qualitativer Sprung im Reiseverkehr, der im Unterschied zu früheren Jahren auch den Fahrgästen der 3. Klasse (die 4. Klasse wurde 1928 in Deutschland abgeschafft) einen Anreiz zum Reisen mit der Eisenbahn bot.

Die hervorstechendsten technischen Merkmale des Reisezugwagenbaus jener Jahre, die teilweise auch auf den Güterwagenbau zutrafen, waren:

- schrittweises Durchsetzen des Leichtbaus,
- konstruktive Verbesserung der Wagen, um sie für höhere Geschwindigkeiten einsetzen zu können,
- größere Sicherheit durch veränderte Wagenkästen und wirksamere Bremsen,
- zweckmäßige und bequeme Innenausgestaltung der Wagen.

Die deutschen Eisenbahnen strebten außerdem weitgehende Einheitlichkeit im Wagenbau an, denn die Deutsche Reichsbahn übernahm bei ihrer Gründung 90 verschiedene Bauarten an Reisezugwagen in mehr als 200 verschiedenen Ausführungen. Die in der Folgezeit entwickelten Einheitswagen sahen für Hauptbahnen drei Grundtypen vor – vierachsige D-Zugwagen sowie zweiachsige Abteil- und Durchgangswagen, für Nebenbahnen zwei- und vierachsige Durchgangswagen. Sie wurden in verschiedenen Ausführungen variiert. Hinzu kamen Grundtypen für Schlaf- und Speisewagen sowie Salonwagen. Durchgangswagen mit meist seitlichem Gang wurden für Züge eingesetzt, die längere Strecken ohne Zwischenaufenthalt zurücklegten, um den Reisenden mehr Bewegungsfreiheit und zugleich die Möglichkeit zu geben, den Speisewagen aufzusuchen. Der Übergang von Wagen zu Wagen war an den Stirnwänden möglich, wobei die Übergänge bei schnellfahrenden Zügen von Faltenbälgen umgeben waren. Die auf den Nebenbahnen eingesetzten Durchgangswagen hatten meist einen Mittelgang, wobei die einzelnen Abteile nicht durch Türen abgeschlossen waren. Teilweise war auch hier für die Reisenden der Übergang von Wagen zu Wagen möglich. Die meist offenen Plattformen waren dabei durch Scherengitter gesichert.

Die Durchgangswagen auf den Nebenbahnen wurden für notwendig erachtet, weil bei den Bahnhöfen bzw. Haltepunkten häufig keine Bahnsteigsperren existierten, so daß die Kontrolle der Fahrausweise während der Fahrt erfolgte. Waren die Zugschaffner in früheren Jahrzehnten dabei auf den Trittbrettern von Abteil zu Abteil gegangen, so verboten die nun allgemein höheren Geschwindigkeiten ein solches Verfahren. Die Durchgangswagen hatten den Vorteil verhältnismäßig geringen Gewichts und größerer Festigkeit. Der zulässige lichte Raum ließ sich bei ihnen fast vollständig ausnutzen. Trotzdem wurden für Hauptstrecken auch neue Abteilwagen vorgesehen, da sie auf stark frequentierten Strecken einen schnelleren Fahrgastwechsel erlaubten. Generell war neben den neuen Einheitswagen noch eine Vielzahl der alten Wagen im Einsatz, so daß sich insgesamt ein recht unterschiedliches Bild auf den Strecken bot.

Die deutschen Eisenbahnen bildeten dabei keine Ausnahme. Dank der Langlebigkeit des Eisenbahnmaterials fanden sich bei allen Eisenbahnverwaltungen noch Reisezugwagen im Einsatz, die vom technischen Standpunkt aus längst überholt waren. Sie wurden in der Regel auf Bahnen untergeordneter Bedeutung eingesetzt, während die neuen Wagen vorzugsweise auf den Hauptstrecken fuhren. Noch immer verkehrten deshalb zwei- und dreiachsige Wagen mit kurzem Achsstand, die vom Reisekomfort her nur ungenügend den neuen Bedingungen angepaßt waren. Man fand sie vor allem dort, wo die Eisenbahnen ihre frühere Monopolstellung noch nicht verloren hatten und die Fahrgäste keine Wahl zwischen verschiedenen Verkehrsmitteln hatten.

Die vier- und mehrachsigen Wagen waren ausnahmslos mit modernen Drehgestellen ausgestattet, die eine gute Federung bewirkten. Das frühere Baumaterial Holz wurde beim Wagenkasten vollständig verdrängt. Zunächst baute man stählerne Kastengerippe mit hölzerner Dachverschalung; bald ging man jedoch aus Sicherheitsgründen zu genieteten Ganzstahlwagen über, die ihrerseits schon ab 1933 von geschweißten Wagen, die erheblich weniger Gewicht hatten, abgelöst wurden. Zusätzlich sparte man im Interesse der angestrebten höheren Geschwindigkeiten im Reiseverkehr Gewicht, indem man die bisher üblichen Walzprofile durch Abkantprofile ersetzte. Für die Festigkeit der Wagen war außerdem von Bedeutung, daß bei den neuen Konstruktionen der Wagenkasten mit zum Tragen herangezogen wurde, während er vorher als fertiges Element auf das Untergestell gesetzt und mit ihm verschraubt wurde. Auffallend für die deutschen Reisezugwagen war schließlich, daß das früher bei den preußisch-hessischen Eisenbahnen übliche Dach mit Oberlichtaufbau vom sogenannten Tonnendach verdrängt wurde. Der Oberlichtaufbau, der vor allem aus Gründen der höheren Stabilität und der besseren Lüftung entstanden war, hatte sich als zu schwer und zu teuer in der Unterhaltung erwiesen. Die Innenausstattung der Wagen unterschied sich von der der Vorkriegszeit durch größere Zweckmäßigkeit und Sachlichkeit bei erhöhter Bequemlichkeit – vor allem in der 1. und 2. Klasse. Die längeren Wagen (etwa 21 bis 22 m) gaben den Reisenden besonders bei D-Zugwagen mehr Bewegungsfreiheit. Die für den einzelnen Fahrgast zur Verfügung stehende Fläche stieg im Vergleich zum 19. Jahrhundert auf das Doppelte an, im Schnitt auf etwa 0,75 $m^2$. Entsprechend der Wagenklasse waren die Sitzbänke entweder gepolstert (1. und 2. Klasse), oder sie bestanden aus Holz. In der 4. Klasse war die Anzahl der Sitzplätze gering, um »Reisenden mit Traglasten« mehr Raum zu bieten. Außerdem konnte man Gepäck unter den Sitzen verstauen. In der 1., 2. und 3. Klasse fand es in Netzen, in der 4. Klasse außerdem auf Brettern über den Sitzen Platz.

Sanitäre Einrichtungen waren in ausreichenden Mengen obligatorisch. Wagen mit über 60 Sitzen hatten zwei Toiletten, die mit einer geringeren Anzahl eine. In den D-Zugwagen gab es außerdem noch Waschbecken mit fließendem Wasser, während in den anderen Wagen nur jeweils die 1. und 2. Klasse mit Waschbecken versehen war. Für diese wurde das benötigte Wasser »in Kannen mitgeführt«.

In den Wintermonaten wurden die Wagen vorwiegend durch Dampfheizungen erwärmt, wobei der Dampf durch die Lokomotiven erzeugt wurde. Bei den deutschen Eisenbahnen bevorzugte man eine Niederdruck-Umlaufdampfheizung mit selbsttätiger Dampfentnahme, die die Reisenden im Abteil regeln konnten. Für Speisewagen, Schlafwagen 1. und 2. Klasse sowie für Salonwagen nutzte man eine Warmwasserheizung, die im Wagen unterhalten wurde. Dort befand sich ein Ofen mit einem darübergelagerten Wasserausgleichsbehälter, der Rohrleitung und Heizkörper mit umlaufendem Warmwasser versorgte. Dadurch konnten die Wagen unabhängig von der Lokomotive vorgeheizt werden. Für Züge mit elektrischer Traktion wurden spezielle Heizkörper verwendet, die ihre Energie nach entsprechender Umformung aus der Streckenleitung bezogen. Um die Wagen auch für dampflokbespannte Züge nutzen zu können, hatten sie außerdem Einrichtungen für Dampfheizung. Die in der Zeit vor dem ersten Weltkrieg noch häufiger anzutreffende Ofenheizung mit Kohle fand sich seit den zwanziger Jahren nur noch in den Personalabteilen der Güterwagen sowie den Postwagen, vereinzelt auch noch in Wagen von Neben- und Kleinbahnen.

2-achsiger Abteilwagen der DR (oben), 4-achsiger D-Zug-Wagen

Die Beleuchtung der Wagen erfolgte bei allen älteren und den Anfang der zwanziger Jahre gebauten Typen durch Gasglühlichtbrenner, die durch Ölgas gespeist wurden, das mit einem Überdruck von 8 at in besonderen Behältern am Untergestell mitgeführt wurde. Da diese Art der Beleuchtung bis zu einem gewissen Grad immer eine Gefahrenquelle bildete, verwendete man ab 1925 bei den deutschen Eisenbahnen in Neubauwagen nur noch elektrische Beleuchtung. (Die Gasbeleuchtung war allerdings noch bis in die vierziger Jahre in Betrieb.) Man brachte dafür eine Dynamomaschine an einem Drehgestellquerträger des Wagens an; sie wurde durch Riemen von einer Achse angetrieben. Außerdem verfügte jeder Wagen über eine kleine Sammlerbatterie, die während der Fahrt aufgeladen wurde und bei Stillstand des Wagens bzw. bei niedrigen Geschwindigkeiten Strom abgab.

Bei den D-Zügen hatten sich Speisewagen und Schlafwagen allgemein eingebürgert. Sie wiesen hinsichtlich ihrer Ausstattung von Land zu Land gewisse Unterschiede auf. Bei den deutschen Eisenbahnen wurden Schlafwagen – die, wie auch die Speisewagen, in ihrer Grundform sowie ihrem Aufbau dem Einheits-D-Zugwagen entsprachen – mit 1., 2. und 3. Klasse-Abteilen (letztere als Liegewagen bezeichnet) ausgestattet, mit je einem Bett oder zwei bzw. drei Betten. Die Abteile 1. und 2. Klasse hatten Wascheinrichtungen, während die Fahrgäste der Liegewagen die Waschräume neben den Toiletten benutzten.

Außer den Speise- und Schlafwagen setzten die Eisenbahnen als Sonderwagen Salonwagen ein, die mit beweglichen Sesseln und großen Tischen ausgestattet waren. Sie standen in der Regel auf besondere Anforderung nur einem begrenzten Personenkreis zur Verfügung. Im Unterschied dazu wurden als ausgesprochene Konkurrenzmaßnahme gegen den Kraftverkehr besondere Luxuszüge geschaffen, die den Reisenden der 1. und 2. Klasse komfortable Reisemöglichkeiten über lange Strecken boten. So verkehrte seit Einführung des Sommerfahrplans 1928 zwischen Hoek van Holland und Basel bzw. Luzern der »Rheingold«-Zug, der unter anderem auch den von England kommenden Reisenden eine angenehme Fahrt bis in die Schweiz bieten sollte. Die Wagen waren teilweise als Salonspeisewagen gestaltet, von denen je zwei durch eine Küche versorgt wurden. Neben zwei Saalräumen für Raucher und Nichtraucher standen in der 1. Klasse noch geschlossene Abteile mit zwei bzw. vier Plätzen zur Verfügung. Jeder Wagen besaß außerdem ein eigenes Gepäckabteil, in dem auch Mäntel und andere Kleidungsstücke abgelegt werden konnten, außerdem einen Waschraum mit fließendem warmen und kalten Wasser. Die Fenster dieser violett und elfenbeinfarben gestrichenen Wagen waren bis zu 1,5 m breit, um einen ungestörten Blick auf die Landschaft zu ermöglichen. Die Wagen des »Rheingold«-Zuges waren mit 23,5 m mit die längsten, die damals für die deutschen Eisenbahnen gebaut wurden. Auch bei voll besetztem Zug standen für die Reisenden der 1. Klasse etwa 2 $m^2$, für die Reisenden der 2. Klasse mehr als 1,5 $m^2$ an Platz zur Verfügung.

Sonderbauformen der Reisezugwagen waren stromlinienförmige Wagen, die für schnellfahrende Züge bestimmt waren. Besonders bekannt unter ihnen wurden die Wagen für den sogenannten Henschel-Wegmann-Zug, für den die Firma Henschel eine stromlinienverkleidete Dampflokomotive geliefert hatte. Der Zug wurde aus vier kurzgekuppelten Wagen gebildet, von denen der vordere Endwagen einen Post- und Gepäckraum, eine Küche und Anrichte sowie einen Speiseraum mit 23 Plätzen enthielt. Der hintere Endwagen hatte einen etwas erhöhten Aussichtsraum mit vier Stühlen. Die beiden mittleren Wagen konnten bei geringer Nachfrage – auch einzeln – aus dem Zug genommen werden, der in voller Länge 192 Fahrgästen der 2. und 3. Klasse Platz bot. Der Henschel-Wegmann-Zug erreichte eine Maximalgeschwindigkeit von 160 km/h.

Für so hohe Geschwindigkeiten mußten aus Sicherheitsgründen auch die Bremsen verbessert werden. Während der Henschel-Wegmann-Zug mit Druckluftschei-

1 Bei der Magnetschienenbremse senken sich beim Bremsen Bremsmagnete und werden gleichzeitig magnetisch erregt, so daß sie sich an den Schienen anlegen und durch Reibungsarbeit Bremswirkung erzeugen.

benbremsen und zusätzlicher Magnetschienenbremse[1] ausgerüstet war, setzte sich bei den anderen Schnellzugwagen die Hildebrand-Knorr-Schnellzugbremse durch, die bei Höchstgeschwindigkeiten bis zu 150 km/h einen Bremsweg von 1 km gewährleistete.

Mit diesen und den bereits erwähnten umfangreichen Neuerungen erreichten die Eisenbahnen ein Niveau, das den gesellschaftlichen Anforderungen jener Jahre weitestgehend entsprach. Die Entwicklung wurde dann zunächst durch den zweiten Weltkrieg und seit den fünfziger Jahren in zunehmendem Maße durch die verstärkte Konkurrenz von Kraft- und Luftverkehr beeinflußt, die von den Eisenbahnen eine Neuorientierung ihrer betrieblichen und technischen Konzeption verlangte.